獻給

允行（Lukas）

教會事工系列
栽培事工

門徒生命的陶造

認識作門徒的呼召、代價與成長

郭鴻標 著

基道出版社

▼

教會事工系列 · 栽培事工

門徒生命的陶造

認識作門徒的呼召、代價與成長

作者

郭鴻標 Kwok, Benedict H. B.

責任編輯

羅慧琪

裝幀設計

奇文雲海 · 設計顧問

■

出版 / 發行

基道出版社

香港沙田火炭坳背灣街 26 號富騰工業中心 10 樓 1011 室

LOGOS PUBLISHERS

Unit 1011, 10/F, Fo Tan Ind. Centre, 26 Au Pui Wan St., Shatin, Hong Kong

電話：(852) 2687-0331　傳真：(852) 2687-0281

網址：https://www.logos.com.hk

承印

陽光（彩美）印刷有限公司

●

7/2019 初版

Cat. No. LP385

ISBN: 978-962-457-584-2

刷次	10	9	8	7	6	5	4	3	2	
年份	2032	2031	2030	2029	2028	2027	2026	2025	2024	2023

序

《門徒生命的陶造——認識作門徒的呼召、代價與成長》一書結集了筆者過去的部分講章，經整理成靈修閱讀材料，幫助弟兄姊妹積極追尋屬靈生命的更新。

筆者初信主的時候心裏火熱，奉獻讀神學後客觀思考的能力漸漸加強。這並不表示筆者讀神學後沒有之前的火熱，而是在我的人生歷程中，確實如此經歷屬靈生命的成長階段。不過，我兒子允行（Lukas）昏迷的事，促使我回到信仰的起點，尋問這個世界有上帝嗎？若有，這位上帝是怎樣的一位上帝？這位上帝愛我嗎？為甚麼我會有這些經歷？我發現自己跳出了早已習慣的生活模式，重新檢視所有習以為常的活動、身分、角色等。很多一直做的活動，我會問：有甚麼意義？為甚麼一定要有？是否能有另一種方式？當我對基督徒生活、牧師身分、神學院老師的角色，再一次從根本處反思的時候，可以是一次信仰危機。但感謝上帝，這次深層反思成為我信仰生活的轉機。我覺得自己從形式化、既定動作的模式中跳出來，心裏有一種像初信時的信仰熱情。因我隨著年紀增長，變得冷靜、客觀，甚至抽離。正面的說法是成熟，負面的說法是愈來愈走向「老油條」的狀態。

筆者心中的領受是，不再浪費時間於提供宗教娛樂的活動上，不花時間於不願意認真追尋上帝的人身上。我尊重其他人的做法，但是我亦順從內心的領受作選擇。筆者熱愛神學學術研究，同時委身教會牧養；多年觀察基督徒的屬靈生命成長，發現有些基督徒已經變成名義上的基督徒，有些基督徒放棄信仰反思，只接納一些「套餐式」的培訓。筆者認為基督徒應該深化「信仰」，而不是維持形式化的「宗教生活」。

教會牧養並不是提供宗教娛樂活動，而是建立耶穌基督的門徒。在允行昏迷後，我們一家經歷信仰上、情緒上極大的衝擊。我面對苦難的問題，我無法解釋。我尋求上帝的旨意，我不明白。感恩在允行昏迷期間，很多牧者及弟兄姊妹的關懷、支持與代禱，讓我們能夠支持下去。我們選擇堅持下去，亦要面對從醫學角度、理性分析而來的質疑。我們在理性與信仰之間掙扎，究竟我們是否應該繼續相信神蹟會出現？究竟神蹟出現的願望是否我們一廂情願呢？這不單是學術問題，更是實存切身的問題，是關乎允行生命的問題。我讀神學初期，對存在主義神學非常著迷，信仰是我生命的根基，我的生活、動作、存留都在乎祂。我也讀過祈克果（Søren Kierkegaard）的「信心的跳躍」（Leap of Faith）觀念，深深體會人生往往在理性與信仰兩個領域中徘徊。

筆者沒有推翻教會建制的想法，卻不願意被框框下的思維所局限。我覺得「信仰」是個人的決定，不是為了湊熱鬧；各人要清楚信主的代價與責任。筆者對於一些基督徒以市場營運的概念推銷「私人化的福音」，帶領信主的人進入「成功人士」的優質「宗教生活」的做法非常討厭。因為這些做法完全扭曲了耶穌基督福音的精神，將教會變成宗教俱樂部。在神學概念上，「宗教」與「信仰」是兩個不同的觀念。「宗教」是從日本引入翻譯“Religion”的詞彙，在中國歷史裏只有「宗」與「教」，例如「禪宗」、「華嚴宗」、「道教」、「佛教」，卻沒有「宗教」。現代人所理解的「宗教」是制度化的組織、社會建制的一部分。在這種思維下，「宗教生活」就是禮儀化、形式化、程序化的宗教活動。「宗教」被視為人的心理需要、維持家庭及社會穩定的力量，提供道德教化，導人向善。在自由主義及多元主義的思想下，宗教多元化已不單是現象的實況，同時在真理層面也被認為是「殊途同歸」的了。

近年受文化人類學影響，認為任何一種文化都是文化符號，不能隨便把它視為迷信、落後。宗教學研究亦淡化宗教比較學，不願意把某一宗教視為最高的宗教，甚至質疑甚麼是評核最高宗教的標準。基督徒在這種現代思潮下，接受寬容、尊重多元的價值。筆者亦深受寬容、尊重多元價值的思想影響。

「信仰」是每個人心靈的「終極關懷」（Ultimate Concern），是安身立命的根本。任何人都有「信仰」，其中必然涉及真與假、善與惡的問題。資本主義可以是你的信仰，共產主義可以是你的信仰，民主普選可以是你的信仰，維穩可以是你的信仰；每個人都有「信仰」。「信仰」可以有不同層面、不同層次。當每個人都有他的「信仰」、他的「終極關懷」的時候，一切都變得相對。

筆者覺得在寬容、尊重多元價值的同時，必須認真重視「真理」的課題。筆者眼見歐洲教會不斷衰落，神學思想愈來愈走向自由主義及多元主義，歐洲的神學教育確實需要更新。筆者承認歐洲的教會、歐洲的神學教育有很多缺點，不過不會全盤否定歐洲基督教歷史與神學的傳統。

故此，筆者重視靈命更新，重視門徒訓練。不過，筆者不會將門徒訓練簡化為一套課程。本書是筆者順著聖靈的帶領，帶著批判的態度去欣賞歐洲基督教歷史與神學的傳統，進入聖經，按照聖經的道所寫關於成為耶穌基督門徒的信息。本書並非一本系統化的著作，每章都是獨立成章，不過筆者在當中卻發現了一個脈絡，形成現在的大綱。多謝基道出版社同工的編輯工作，省去重複的部分，增加這書的可讀性。我將這本書獻給允行，願上帝的愛充滿他。

郭鴻標

2019 年 5 月 13 日

目 錄

第三部：在基督裏成熟

第四部：一起建立教會

第一部

立志作門徒

1 認識呼召人的主

出三十三12～23

摩西對耶和華說：「你吩咐我說：『將這百姓領上去』，卻沒有叫我知道你要打發誰與我同去，只說：『我按你的名認識你，你在我眼前也蒙了恩。』我如今若在你眼前蒙恩，求你將你的道指示我，使我可以認識你，好在你眼前蒙恩。求你想到這民是你的民。」耶和華說：「我必親自和你同去，使你得安息。」摩西說：「你若不親自和我同去，就不要把我們從這裏領上去。人在何事上得以知道我和你的百姓在你眼前蒙恩呢？豈不是因你與我們同去、使我和你的百姓與地上的萬民有分別嗎？」

耶和華對摩西說：「你這所求的我也要行；因為你在我眼前蒙了恩，並且我按你的名認識你。」摩西說：「求你顯出你的榮耀給我看。」耶和華說：「我要顯我一切的恩慈，在你面前經過，宣告我的名。我要恩待誰就恩待誰；要憐憫誰就憐憫誰」；又說：「你不能看見我的面，因為人見我的面不能存活。」耶和華說：「看哪，在我這裏有地方，你要站在磐石上。我的榮耀經過的時候，我必將你放在磐石穴中，用我的手遮掩你，等我過去，然後我要將我的手收回，你就得見我的背，卻不得見我的面。」（出三十三 12 ~ 23）

呼召可以是一次性的經歷，亦可以是一生的歷程。出埃及記三章記載上帝呼召摩西帶領以色列人出埃及；出埃及記三十三章記載摩西問上帝這個呼召的具體內容。一個事奉上帝的人同樣會不斷向上帝求問呼召的具體內容，被呼召的人要與呼召人的主建立密切的關係，才能夠繼續前行。

被上帝認識

摩西被呼召為上帝完成一項任務——領以色列人出埃及（出三十三 12）。摩西問上帝誰是他的同工，上帝回答摩西，祂會「按你的名認識你」。嚴格來説，上帝答非所問。不過，「我按你的名認識你，你在我眼前也蒙了恩」（12 節）這句話有豐富的屬靈教訓。摩西要學習蒙召的更重要向度，就是被上帝認識，在上帝眼前蒙恩。

被呼召的人要與呼召人的主建立密切的關係。這種關係的重點並非人認識上帝有多深，相反是上帝認識我們有多徹底。人被上帝認識的意思是，人一生所走過的路、人的成功和失敗、人心裏的良善與惡念，上帝都清楚知道。人不必在上帝面前假裝，相反應該心存感恩。因為一個如此普通、缺點多的人，竟可以被上帝呼召、被上帝使用，實在是奇迹。

摩西關心誰是同工，這十分自然。若他有自知之明，了解自己的弱點，很自然希望同工的長處可以彌補他的弱點。任何人都可能會覺得要承擔的責任太大，一個人應付不來，要有其他人的幫忙和支持。摩西問同工是誰，是可以理解的。不過上帝的回答很特別，上帝回答摩西「我按你的名認識你，你在我眼前也蒙了恩」（出三十三 12），避開交代誰是同工的問題，而經文沒有解釋原因。

一般人會認為上帝呼召人，被呼召的人當然是要做上帝的事。當人的注意力集中於事工的時候，自然關注同工、資源或目標等。當然這些都十分重要，不過事奉裏有一個更加基本的課題需要注意，就是**人要經歷被上帝認識**

的過程。經歷被上帝認識的過程，首先是體會自己這個不配的人竟然蒙上帝的憐憫可以事奉祂，然後跳出自卑自憐的局限，珍惜現在的機會事奉上帝，抱著「豁出去」的態度事奉上帝。我們應該努力培育內在生命，克服性格的缺點。不過，人無法完全改變自己。與其「修補」自己過去的人生，倒不如開放自己讓上帝改造，接納自己的不完美，全心全意事奉上帝。

摩西接下來的反應表示他認為自己還未蒙恩。他向上帝提出第二個問題：「求你將你的道指示我，使我可以認識你，好在你眼前蒙恩。求你想到這民是你的民。」（出三十三 13）從摩西的回答可以發現，他心裏掛念自己的民族，他要為以色列人尋找一條出路。摩西認為找到以色列人的出路，就是認識上帝的最好方法，亦是他蒙恩的證據。

嚴格來説，摩西的回答並不是回應上帝所説的「我按你的名認識你，你在我眼前也蒙了恩」（12 節）；上帝要認識摩西，摩西卻急於為以色列人尋找出路。上帝回答説：「我必親自和你同去，使你得安息。」（14 節）上帝的回答可分為兩部分：第一部分「我必親自和你同去」是回應摩西的要求，沒有説明具體的道路是怎樣，但卻保證與摩西同行。第二部分「使你得安息」則比較特別，不像回應摩西的問題。筆者認為，因為摩西沒有把握上帝第一句話的意思，所以「使你得安息」這句是進一步將「我按你的名認識你，你在我眼前也蒙了恩」的意思，用另外的說話重申一次。

摩西值得欣賞的地方是，他盡心為自己的民族尋找出路。摩西不是先求事奉的方法或者技巧，而是希望服事的對象在上帝眼中成為祂的子民。摩西接受任務，但要求經歷到在上帝眼前蒙恩，要得到上帝的道指引，並且要確定祂看以色列人為祂的子民（13 節）。摩西為所服事的羣體祈求，看重以色列人的前途過於自己的將來。他明白領以色列人出埃及，目的是把他們帶到上帝面前。摩西並非求能力，而是求經歷上帝的真實。對他來說，能夠完成帶領以色列人出埃及這任務，正是在上帝眼前蒙恩的經歷。

上帝與你同行

上帝欣賞摩西的祈禱，應許親自與摩西同去，使他得安息（出三十三 14）。上帝欣賞願意與祂親近的祈禱。摩西堅持要上帝親自與他同行，不然就不要把他領出來（15 節）。沒有以上帝為中心的事奉，最終會失敗。摩西在他四十年流浪生涯中，學懂依靠上帝。摩西對上帝的應許仍有疑問，是要上帝保證一定與他同行。**事奉上帝的人首先要追求上帝與他同行**。我們要回應上帝的呼召，按祂的計劃行事，才是以上帝為中心的事奉；而在這基礎上，我們可以祈求上帝同行。

摩西認為當上帝與他同行，這羣人就知道他與百姓在上帝眼前蒙恩（出三十三 16）。在上帝眼前蒙恩不一定等於在世上事事成功；在上帝眼前蒙恩代表在艱難困苦的時候有上帝的同在。摩西認為當上帝與他同行，他在上帝眼前蒙恩，他和以色列人就在地上萬族中被分別出來（16 節）。嚴格來說，摩西沒有回應上帝「使你得安息」這句話，相反他集中於上帝同行的要求上。摩西認為在上帝眼前蒙恩，就是他和以色列人一起蒙恩。他深信只有當上帝同行，他和以色列人會一起蒙恩；而上帝與以色列人同行的自然結果，是以色列人與萬民有分別。筆者認為，雖然摩西並不十分明白上帝說「我按你的名認識你，你在我眼前也蒙了恩」、「使你得安息」的意思，他一心一意為以色列民族的未來奮鬥，值得我們敬佩。

從經文看來，上帝沒有怪責摩西說話的態度或內容。上帝接納摩西這個人，接納摩西事奉的表現。當上帝與以色列人同行的時候，他們與萬民有分別，並且在上帝眼前蒙恩。若我們希望上帝與我們同行，首先要願意與萬民有分別。若我們希望上帝與我們的教會同行，我們需要願意與萬民有分別。在上帝眼前蒙恩的人是不隨波逐流的，是有宗旨和原則的。上帝看重祂與子民的關係，願意與人同行。

上帝回答摩西說：「你這所求的我也要行；因為你在我眼前蒙了恩，並且我按你的名認識你。」（出三十三17）上帝的意思是祂願意按摩西的意願而行，不過摩西似乎還未明白上帝說話的意思，所以上帝再次說：「我按你的名認識你。」摩西蒙召帶領以色列人出埃及，目標明確。對我們來說，可能人生目標仍未明確，我們需要學習「與上帝同行」的功課。我們需要學習摩西的委身，也要學習認識上帝與人的關係的重要。摩西求上帝的道指引他，讓他更認識上帝。事奉者不單要努力事奉，更重要的是知道自己事奉誰。其實，上帝願意賜給摩西安息的滿足喜樂，只是摩西還未明白。

上帝以恩慈待我們

摩西求上帝顯榮耀，要求證據（出三十三18）。我們留意上帝怎樣回答摩西；上帝說：「我要顯我一切的恩慈，在你面前經過，宣告我的名。我要恩待誰就恩待誰；要憐憫誰就憐憫誰。」（19節）上帝只願意顯恩慈。上帝沒有答應摩西的要求，並非不喜歡他。因為沒有人能夠見上帝的面，看見上帝的榮耀；凡看見上帝的面的，都不能存活（20節）。摩西一直要求證據，才相信上帝與他同行。

在這事上，上帝不能按摩西的願望行事，不過祂願意在摩西面前顯出恩慈。上帝說：「在我這裏有地方，你要站在磐石上。我的榮耀經過的時候，我必將你放在磐石穴中，用我的手遮掩你，等我過去，然後我要將我的手收回，你就得見我的背，卻不得見我的面。」（21～23節）上帝實在恩待摩西，讓摩西看見上帝的背，而看不見上帝的面。上帝給予摩西特別的機會。上帝顯現，卻讓摩西有容身之地。

這是一種何等特殊的屬靈經歷。上帝的面是榮耀，上帝的背是恩慈（出三十三19）。上帝要在摩西面前顯恩慈，宣告祂的名（19節）。上帝亦願意在我們面前顯恩慈，宣告祂的名。在舊約聖經時代，人不能看見上帝的面；在新約時代，人可以看見上帝獨生兒子的面。上帝的榮耀在耶穌基督身上彰顯，在羞辱的十字架上顯出上帝的榮耀。因此，我們可以禱告仰望上帝榮耀的彰顯。

當然，上帝可以顯出能力，也可以顯出恩慈，這是上帝的主權。說到底，雖然摩西是偉大的領袖，但出埃及記三十三章12至23節他與上帝對話的記載，反映他仍然未明白上帝的意思。不過，上帝沒有怪責他，反倒憐憫他、恩待他。我們事奉上帝，必然覺得自己不配，這是十分正常的。一個事奉上帝的人成長，需要經歷無數的挫折失敗，更可能努力改變自己仍然無法完全擺脫性格弱點的影響。我們可能好像摩西那樣，對上帝說：「你若不親自和我同去，就不要把我們從這裏領上去。」我們可能好像摩西那樣，要求上帝給予證據，不斷地禱告，不過覺得上帝答非所問。但是，這可能只因我們還未清楚上帝的意思，仍停留在自己思想的框框裏。**其實，上帝一直以恩慈待我們。**

事奉上帝是一種與上帝同行的歷程，首先是上帝與我們同行，然後我們跟隨上帝，與上帝同行。上帝按我們的名字認識我們，上帝願意與我們同行，上帝以恩慈待我們，讓我們好好學習怎樣事奉祂。

| 反思問題 |

1. 上帝要按你的名認識你（出三十三12～13），你願意接受上帝認識你的方法嗎？
2. 上帝願意與你同行（出三十三14～17），你對祂的帶領有信心嗎？
3. 上帝願意以恩慈待我們（出三十三18～23），你有數算恩典嗎？

2 愛主的平凡人

約二十一15～22

他們吃完了早飯，耶穌對西門．彼得說：「約翰的兒子西門，你愛我比這些更深嗎？」彼得說：「主啊，是的，你知道我愛你。」耶穌對他說：「你餵養我的小羊。」耶穌第二次又對他說：「約翰的兒子西門，你愛我嗎？」彼得說：「主啊，是的，你知道我愛你。」耶穌說：「你牧養我的羊。」第三次對他說：「約翰的兒子西門，你愛我嗎？」彼得因為耶穌第三次對他說「你愛我嗎」，就憂愁，對耶穌說：「主啊，你是無所不知的；你知道我愛你。」耶穌說：「你餵養我的羊。我實實在在地告訴你，你年少的時候，自己束上帶子，隨意往來；但年老的時候，你要伸出手來，別人要把你束上，帶你到不願意去的地方。」(耶穌說這話是指著彼得要怎樣死，榮耀上帝。)說了這話，就對他說：「你跟從我吧！」

彼得轉過來，看見耶穌所愛的那門徒跟著，(就是在晚飯的時候，靠著耶穌胸膛說：「主啊，賣你的是誰？」的那門徒。)彼得看見他，就問耶穌說：「主啊，這人將來如何？」耶穌對他說：「我若要他等到我來的時候，與你何干？你跟從我吧！」(約二十一 15 ~ 22)

耶穌基督的復活，表示墳墓前的大石頭不能阻礙祂的行動。按保羅的理解，律法、罪惡、死亡都在耶穌基督的十字架下被打敗；耶穌基督的復活是一種勝利，是凱旋的勝利。耶穌基督被釘十字架、死亡、復活，是在短短三天裏發生。很多門徒只是聽婦女報告空墳墓的消息，他們仍然充滿恐懼、疑惑、失望，還未相信基督凱旋得勝的事實。耶穌基督顯現，與門徒對話，特別在以馬忤斯的顯現，解開門徒的疑惑，重燃他們對信仰的熱心。

我們是平凡人

根據四卷福音書，耶穌基督顯現與抹大拉的馬利亞對話以外，亦顯現與門徒對話，其中有提及名字的是彼得。彼得是門徒中間的領袖，不過他曾經在大祭司一個女僕人面前否認自己認識耶穌。他是認真跟隨主的人，但在危急關頭三次不認主。嚴格來說，他是一個屬靈上失敗的人。當我們將得勝凱旋的基督與這個屬靈上失敗的彼得放在一起的時候，會發現其中強烈的對比。當然，我們不應該只著眼彼得一次屬靈上的失敗，卻忘記他的熱心和忠心。筆者認為聖經作者這樣描述彼得，是讓我們明白彼得是一個平凡人。**一個平凡人有性格缺點，有靈性軟弱，他不是完美無瑕，亦不是凡事正確無誤。**

對於那位道成人身，住在人中間，受死、埋葬、復活、升天的主耶穌基督，祂知道上帝的救贖計劃；而祂呼召門徒，不單當祂在世上的時候跟從祂，更是在祂得勝凱旋之後跟從祂，為祂做更大的事。這位榮耀的主理論上應該呼召那些質素更好的人，待祂復活、升天後，更有效地彰顯基督凱旋的榮耀。不過，我們的主基督卻選擇了漁夫、一羣平凡人作門徒。這些人不單平凡、軟弱，更在屬靈上失敗了。特別是彼得，他曾經三次不認主。當他回到其他門徒中間，內心一定很自責、很難受。

在屬靈老師耶穌缺席的時候，他們也失去方向感。但他們還要解決生活的問題；彼得說他打魚去。按約翰福音二十一章3節的記載，不清楚彼得的意思是他當天去打魚，還是他以後都重操故業去打魚。若彼得打算重操故業，這是可以理解的。因為他曾經在屬靈上失敗，縱使他願意負起領導門徒的責任，其他門徒是否會接受他的領導，他是否能夠服眾呢？經文沒有交代彼得有沒有想過要繼續傳揚耶穌的空墳墓的信息，或許彼得曾反覆思量這個問題，但覺得無論怎樣傳揚，都不會再有甚麼效果。

甘心願意事奉主

很多時候，我們會認為耶穌基督三次問彼得「你愛我嗎？」，是要提醒彼得他曾經三次不認主，筆者認為這是正確的推論。復活凱旋的基督連續三次問彼得相同的問題「你愛我嗎？」，當中用了不同的希臘文動詞。然後耶穌基督連續三次呼召彼得餵養和牧養祂的羊。在耶穌時代，牧羊人看守羊羣，帶領羊羣尋找水源和青草，讓羊羣得飽足。「餵養」這詞很容易令人聯想到母親乳養嬰孩，因為嬰孩不能自己覓食。「牧養」有引導、保護的意思，牧羊人引領羊羣到安全地方覓食。耶穌基督沒有具體告訴彼得做甚麼，祂只是指出「牧養我的羊」。

彼得是一個平凡人，他能夠為耶穌基督獻上的不是甚麼金銀寶石，而是他對耶穌基督的愛。得勝凱旋的基督不單需要我們讚美，更要我們對祂的愛。**我們都是平凡人，**

能夠獻上的不是甚麼過人的才能，而是我們對祂的愛。

當耶穌基督告訴彼得他將來的命運，彼得沒有抗拒殉道的結局，但他也關心耶穌所愛的那個門徒將來是否與他同一命運。彼得的反應有值得欣賞的地方，就是他沒有與耶穌討價還價，拒絕殉道的結局。但是，一個愛主的平凡人仍然是平凡人，他會計較，會介意。耶穌基督十分明白彼得內心的疑惑，祂沒有改變彼得殉道的結局，亦沒有改變祂所愛的那個門徒的結局，也沒有提出更優厚的條件吸引彼得。面對彼得的問題，耶穌基督回答：「與你何干？」耶穌基督的回答直截了當，沒有轉彎抹角。

專心跟隨不計較

「與你何干」這句話實在發人深省。一個愛主的人自然覺得自己為主付出很多，難免會計較自己得到甚麼。我們可能會介懷自己所得的回報如何，退休後的生活如何，目前是否受人尊重，自己所做的是否有影響力等。若耶穌基督告訴我們，我們的結局是殉道，我們未必可以好像彼得那樣欣然接受，或者會説：主若許可，請不要這樣。彼得可以接受自己殉道的結局，但對於耶穌所愛的那個門徒不會像他那樣殉道卻耿耿於懷。彼得需要突破這個心理關口，接受耶穌基督對他的呼召就是如此。

凱旋的基督不需要人為祂增添榮耀，因為祂是榮耀的主。凱旋的基督需要彼得接受事奉的結局是殉道。若凱旋的基督不需要你為祂幹甚麼轟轟烈烈的大事，沒有委託你推動甚麼劃時代的教會更新復興運動，沒有擴張你的地界建立人數幾千人的教會，沒有讓你被推選為教會界的代表，而是呼召你一生平凡地服事祂，你願意嗎？施洗約翰是耶穌基督的先鋒，他亦是殉道而死。他清楚知道自己的任務是為耶穌基督鋪路，所以他說：「他必興旺，我必衰微。」（約三 30）一個愛主的平凡人需要學習彼得，接受自己事奉的結局，不計較耶穌所愛的那門徒的遭遇是否與自己相同，且學習施洗約翰的心志——「他必興旺，我必衰微」。

一個愛主的平凡人，需要時刻提醒自己，我們事奉的結局不一定會令人羨慕。我們事奉的過程亦不一定具有影響力，甚至我們會好像施洗約翰一樣，眼見跟隨耶穌基督的門徒愈來愈多，連自己的門徒也要跟隨耶穌去了。

若凱旋的基督問你：「你愛我嗎？」你會怎樣回答呢？若凱旋的基督三次問你：「你愛我嗎？」你會怎樣回答呢？若凱旋的基督說：「牧養我的羊」，你願意接受這個呼召嗎？若凱旋的基督告訴你，你將來是個平凡人，你願意繼續愛主嗎？

你還愛主嗎?

約翰福音二十一章22節記載耶穌基督對彼得説的最後一句話:「你跟從我吧」,然後作者提到若要記錄耶穌基督的所有言行,恐怕世界也容不下(25節)。我們無法知道彼得心裏在想甚麼,或他有沒有回答耶穌。總而言之,約翰福音二十一章23節是耶穌基督與彼得對話的結束,24至25節是整卷約翰福音的總結。

復活的主耶穌基督對彼得説:「你愛我嗎?」在之後的教會歷史裏,無數信徒回應表示「主我愛祢」。復活的主耶穌基督對彼得説:「牧養我的羊」,在之後的教會歷史裏,無數信徒回應表示「主我願意」。復活凱旋的主耶穌基督沒有為彼得定下「牧養我的羊」的界限,日後聖靈會親自帶領彼得,讓他領略祂的心意。

彼得三次不認主,因為當時主耶穌基督已經被捉拿,隨時有生命危險,在羣龍無首的情況下,彼得失去信心,退縮逃避。我們有沒有在應該承認主耶穌基督的時候,退縮隱藏呢?我們有沒有為了維繫人際關係、商業關係,而沒有承認自己是主耶穌基督的門徒呢?

總結

復活凱旋的主耶穌基督了解彼得，亦接納彼得。對於彼得的斤斤計較，祂告訴彼得「與你何干」(約二十一22)，希望彼得的心態會改變。主耶穌基督基本上接納彼得，所以對他說「你跟從我吧」(22節)，這正好說明主耶穌基督不計較彼得過去的失敗，以及現在斤斤計較的心態，主耶穌基督只是要彼得回答：「你愛主嗎？」

復活凱旋的主耶穌基督問彼得：「你愛我比這些更深嗎？」「這些」應該指早餐的魚和餅，這些魚就是一百五十三條的其中幾條。復活凱旋的主耶穌基督問彼得：「你愛我比魚穫更深嗎？」或者「你愛我比過專業漁夫的生活更深嗎？」。這個問題正好切中彼得心底的掙扎。彼得回答耶穌，祢知道我愛祢。這個回答很有趣，不是直接肯定地答我愛祢，而是把主動權推到耶穌身上。經文沒有交代彼得為甚麼這樣回答，為甚麼不直接回答。對彼得來說，他愛主比「這些」更深，他願意回應耶穌基督的呼召。

對我們來說，「這些」可以指事業上的成就、名譽、地位或財富等，我們愛主比這些更深嗎？耶穌基督對彼得說：「你跟從我吧」，我們願意同樣回應耶穌基督的呼召嗎？

| 反思問題 |

1. 我們是平凡人，你願意事奉上帝嗎？
2. 我們都會計較，但你願意事奉上帝嗎？
3. 耶穌基督問你：你愛祂嗎？你會如何回答呢？

3 學習作主的門徒

路五1～11

耶穌站在革尼撒勒湖邊，眾人擁擠他，要聽上帝的道。他見有兩隻船灣在湖邊；打魚的人卻離開船洗網去了。有一隻船是西門的，耶穌就上去，請他把船撐開，稍微離岸，就坐下，從船上教訓眾人。講完了，對西門說：「把船開到水深之處，下網打魚。」西門說：「夫子，我們整夜勞力，並沒有打著甚麼。但依從你的話，我就下網。」他們下了網，就圈住許多魚，網險些裂開，便招呼那隻船上的同伴來幫助。他們就來，把魚裝滿了兩隻船，甚至船要沉下去。西門．彼得看見，就俯伏在耶穌膝前，說：「主啊，離開我，我是個罪人！」他和一切同在的人都驚訝這一網所打的魚。他的夥伴西庇太的兒子雅各、約翰，也是這樣。耶穌對西門說：「不要怕！從今以後，你要得人了。」他們把兩隻船攏了岸，就撇下所有的，跟從了耶穌。（路五 1 ~ 11）

「門徒」是一羣跟隨耶穌的人，第一批有十二人，第二批有七十人。撇下所有的去跟從耶穌的人，就是門徒。路加福音五章 11 節記載，彼得、雅各、約翰把兩隻船攏了岸，撇下所有的跟從了耶穌。門徒得權柄、被差遣（路九 1～2）；門徒要為信仰付代價（路九 23～25）；門徒要學習的禱告是完全順服上帝（路十一 1～4）。門徒（*mathaetai*）與使徒（*apostolos*）都是跟隨耶穌的人，而「使徒」後來成為耶穌特別揀選的十二個門徒的稱呼。路加福音六章 13 節記載：「到了天亮，叫他的門徒來，就從他們中間挑選十二個人，稱他們為使徒。」

學習作門徒

「門徒」與「信徒」或「教徒」有甚麼分別？為甚麼要成為「門徒」？「教徒」是指加入某一個宗教組織的人；「信徒」是指相信某一種宗教的人；「門徒」則是指相信耶穌基

督是主，並且願意放下世界名譽、權力、成就，跟隨祂的人。若用熱心積極投入信仰的角度來區分，「教徒」置於最外圍，「信徒」認真信仰，「門徒」則是徹底按信仰要求生活的人。若用現代語言表達，那些有時間或間中出席崇拜的基督徒算是「教徒」；那些不單積極出席崇拜，也願意按照聖經要求生活，又愛教會，並且願意將前途交給上帝管理、憑信心生活的基督徒，算是「門徒」。

雖然我們可能信主多年，或者參與教會事奉多年，但我們應該時刻反問自己，是否願意繼續事奉上帝，甚至更加敬愛上帝。我怎樣成為「門徒」？筆者認為我們要在四方面學習作主的門徒：在個人、家庭、教會和社會方面成為跟隨耶穌的人。

認識上帝

在個人方面，我們應該問自己：我認識上帝嗎？路加福音五章 11 節記載，當耶穌呼召彼得、雅各、約翰幾個漁夫的時候，他們立即撇下所有跟隨主。對每一個基督徒來說，上帝無條件接納我們，一直恩待保守我們，我們可以經歷上帝的真實。不過，我們往往缺乏實際的行動，去回應上帝的呼召。11 節記載耶穌基督行了奇迹後呼召門徒。上帝願意將最好的賜給我們，祂願意將獨生子賜給我們。不過很多時候，我們只是將「次好」的奉獻給上帝。我們有甚麼是「上好」的可以獻上呢？

上帝掌管我們的未來，上帝願意我們甘心樂意將人生交由祂管理。我們或會覺得自己為上帝犧牲了很多，譬如放下個人的理想、有前途的工作、舒適的生活等。但其實，**是上帝首先為我們「放下」，為要賜給我們更美好的**。很多時候，我們將上帝放在我們生活的邊緣，在順境的時候會忽略祂，在逆境的時候才想起祂。若我們不以上帝為我們人生的中心，我們都不算是祂的「門徒」。我們以上帝為我們人生的中心，只是回歸原來上帝與人關係的正常狀態。

學習愛人如己

在家庭方面，今日很多父母把子女看成生活的中心，亦有些將自己的意願投放在子女的生命中，要求子女活出他們的要求，卻忘記了上帝應該是每個人生命的中心。此外，在家庭中作主的門徒，應該重視婚姻的盟約，學習愛護配偶，尊重欣賞對方的努力。家庭中的門徒常常活在張力下，一方面要愛護家人，另一方面會面對信仰的要求，將原本可以給予家人的時間用來事奉上帝。然而，愛上帝與愛家人兩者並非矛盾對立，有些時候我們要面對家人的需要，那一刻內心會有掙扎，就讓我們學習更好地運用時間，兼顧家庭與事奉。

在教會裏，我們要對人有同理心，同情人的軟弱，但亦必須注重秩序和紀律。牧者必須善意提醒弟兄姊妹不要習慣遲到，崇拜是朝見永生神，不應該視為「間場」的節目。至於作領袖的，耶穌基督教導我們誰願為大，就要作眾人的僕人。耶穌基督示範的領袖，是僕人領袖，有憐憫人的心腸。作牧者的，需以敬虔生活的榜樣感染弟兄姊妹，帶領弟兄姊妹親近上帝。牧者也是人，有性格缺點、知識限制、能力限制，不過上帝賦予他們屬靈權柄以教導弟兄姊妹，甚至執行教會紀律。若我們立志在教會作主的門徒，就要學習尊重別人，欣賞別人，遇到難以相處、合作的人，要求主加添我們耐心，增加我們愛心，避免引起衝突，散播負面信息。

在社會方面，作主的門徒需要持守信仰立場，亦需要接納多元社會有多元價值。教會是社會的縮影，當社會充滿張力，教會亦難免承受張力。譬如説，我們要知道政治光譜可以很廣闊，包括最極端到最溫和者，而在光譜兩極之間，有很多不同立場。我們要頭腦清醒，不要盲目跟風，要有獨立思考。我們要學習聆聽不同意見，學習設身處地思考，學習反覆比較。面對意見立場不同的人，我們應該有風度、有厚度。我們不是上帝，並不擁有真理，也不能將自己的想法強加諸別人身上。我們需要有寬容的態度，讓別人有選擇權。在某些議題上，有時我們必須承認自己沒有絕對答案，只有相對正確的立場。我們可以謙卑尋求真理，但是我們的觀點並不必然代表真理。我們需要不斷聆聽上帝的聲音，尋求上帝的心意，不斷在各種立場中作比較，期望可提出一個更合理、更有說服力的觀點，並懷著謙和的心態，商量如何一起作出合宜的回應。

總結

作主門徒說難是難，說易是易。因為一切在於上帝，並非在於我們。作門徒之所以易，在於**呼召人的是上帝，建立我們的是上帝，成就一切的是上帝**。作門徒之所以難，在於我們必然要有所放下。不過，無論如何，我們作主的門徒，是出於應然的責任，是應分的。我們不應該基於利益的考慮而作出決定。當我們選擇作主門徒的時候，縱然要有所放下，也要存甘心樂意的心，而不是出於勉強或無可奈何。關鍵是，我們看到祂才是那位成就一切的主嗎？

反思問題

1 你願意成為「教徒」、「信徒」，還是「門徒」？

2 你願意讓上帝管理你的人生嗎？

3 你願意按上帝為人設計的人生秩序生活嗎？

4 你願意按上帝為基督徒設計的價值觀生活嗎？

4 活出門徒的生命

太二十八18～20

耶穌進前來，對他們說：「天上地下所有的權柄，都賜給我了。所以你們要去，使萬民作我的門徒，奉父、子、聖靈的名，給他們施洗；凡我所吩咐你們的，都教訓他們遵守；我就常與你們同在，直到世界的末了。」（太二十八 18 ~ 20）

我們從馬太福音二十八章18至20節這段「大使命」經文，回看聖經對教會的教導。讓我們回到聖經，檢查我們的理念、事奉態度、事工發展的方向和運作模式。

這段「大使命」經文中的「去」、「施洗」和「教訓」都是「分詞」(participle),即是由動詞變化出來的詞。19 節中最重要的動詞是「作門徒」,而且是命令式。所以,耶穌基督「大使命」的核心內容是「使萬民作祂的門徒」,實踐的方式是「去」、「施洗」和「教訓」。

「使萬民作祂的門徒」並非指向人傳遞一些簡化了的基本福音命題要點,而是要將「凡我(主耶穌)所吩咐你們的,都教訓他們遵守」,意思是教導人接受完整的基督徒人生觀、世界觀和價值觀。主耶穌呼召人不單帶領人決志信主,還要教導牧養;主耶穌不單呼召人在本地「使人作祂的門徒」,同時要超越民族文化的界限,「使萬民作祂的門徒」。總的來說,主耶穌基督的呼召是包括普世跨文化宣教、本地宣教和本地跨文化宣教,以及在這些範疇中的教導牧養。主耶穌基督「大使命」的呼召範圍廣大,每個基督徒都蒙召投身這「大使命」,只是各人參與的範圍和範疇不同。

作門徒的呼召

嚴格來說,主耶穌基督「使人作祂的門徒」的呼召,是不能抗拒的,是不能再商議的。那麼,甚麼是門徒?**門徒就是放下一切跟隨耶穌的人**。有時一些信徒不願意接受信仰的挑戰,只希望信仰給他們安全感。筆者心想,現代人工作壓力大，心思被今生的事佔據，有時很難有空間去思想上帝的呼召，只希望維持教會例行的聚會和活動，結果不少信徒的屬靈生命停滯不前，甚至愈來愈世俗化。筆者想到這些屬靈挑戰的時候，只有禱告求上帝幫助，讓信徒不要失落初信主時的信心和熱心。隨著年歲增加，人的惰性會增加，拒絕變動，形式化、規律化、表面化、僵化，這些都是嚴峻的挑戰。沒有激情，沒有夢想，只想抓住眼前的一切，信仰就會變成可有可無，甚至彷彿是茶餘飯後的點綴。

有些弟兄姊妹會埋怨教會缺乏牧養。筆者明白弟兄姊妹的感受，亦認為牧者應該關懷愛護弟兄姊妹，但我們卻不能因此將不滿的情緒擴大。我們的靈命不應該因為某位牧者而成長，或者因為某位牧者而冷淡停滯。上帝的審判由上帝家開始，上帝會問作牧者的有沒有忠心牧養羊羣，若沒有，上帝自然會審判。屬靈生命成長始終也關乎個人，各人要自己負責，將來面對審判，上帝會問你為甚麼冷淡了，你不能把一切責任推到某位牧者身上。你要為你的屬靈冷淡負責任。

門徒跟隨主耶穌，生命被更新重整，成為上帝的僕人。不過，我們能夠繼續在屬靈的道路上前進，完全是上帝的恩典。筆者經過參加青年團契、結婚生孩子、承擔照顧上一代和自己家庭的責任等各個階段，明白信徒在人生不同階段中要作門徒的壓力。感謝上帝的憐憫，筆者沒有退縮，仍然堅持事奉。筆者曾經在事奉上遇到挫折、失敗、創傷。感謝上帝的憐憫，筆者心裏沒有怨恨。筆者也重視職場牧養，重視在都市生活中實踐作門徒的呼召。我們需要學習將工作看為「召命」，以榮耀上帝作為人生目標，持守基督徒的價值觀（箴三1～8），在「灰色地帶」仍以敬畏上帝的心行事（箴十六1～9），實踐與上帝同行的生活。

人生在世的日子有限，我們要好好珍惜事奉上帝的機會，不要耽延，不要浪費光陰。

門徒的佈道服事

門徒傳甚麼信息？門徒傳上帝國臨近的信息（路十8～16），向接受的人宣講（8～9節），不浪費時間在沒有反應的人身上（10節），因為上帝審判的日子近了（12節）。筆者看見教會的青少年願意參與福音工作，感到很興奮。有很多人還未認識福音，還未找到人生真正的目標。**作主門徒最基本的表現就是佈道**，這樣做並非為了「交數」。很多人的人生充滿矛盾，沒有喜樂，也許是經歷夫妻不和、親子關係破裂等，他們都需要耶穌基督的福音醫治。

門徒傳道的結果怎樣？門徒見證耶穌的名充滿能力（路十 17～19），耶穌則提醒他們不要自滿（20 節），並且被聖靈感動就歡樂，告訴他們能夠與上帝相遇的人有福了（21～24 節）。我們作主的門徒，加強佈道服事，並非為了教會人數增加，而是因為我們有道可傳，因為這是主耶穌基督的呼召。我們是參與一場屬靈爭戰，我們是要經歷耶穌基督的大能。我們要讓更多人被聖靈觸動，經歷生命的改變。

有些弟兄姊妹誤以為牧養是指教會內部建立，並且常常覺得教會內部還未建立得夠好，不應該向外推動佈道服事，更不應該花太多資源在宣教的事奉上。若我們讀福音書，其中耶穌基督帶領門徒，是在佈道服事過程中教導他們、牧養他們的。有些基督徒覺得生活壓力大，希望在教會裏可減壓，在團契得到機會分享。筆者明白弟兄姊妹的需要，我們應該加強祈禱服事，不過亦祈求上帝讓我們在崇拜中遇見祂，讓祂親自向我們說話，牧養我們。

傳福音不單是叫人在頭腦上、概念上接受上帝的存在。一個人信主亦不單是認同某些基督教觀點，更是內心承認上帝掌管他的生命。感謝上帝，筆者看到不少弟兄姊妹投身個人佈道的服事，不過**主耶穌要求我們的，是建立門徒，叫他們學習將人生的主權交給祂掌管**。我們帶人信主，只是第一步。我們還有未完成的任務，就是建立門徒。其實，佈道、宣教和訓練門徒是一個不可分割的整體。門徒訓練是在佈道及宣教服事中進行的，而不是局限在小組、團契進行。我們的確應該強化家庭團契的發展，不過團契的發展除了加深彼此的關係，亦應該有開放性，能接納新團友，並以團契的名義參與佈道及宣教服事。

門徒團隊互相配搭

在教會牧者及信徒領袖的團隊中，筆者認為團隊精神是信任、尊重、肯定，我們要有胸襟尋找比自己更有恩賜的人事奉上帝，「有容乃大」是前人的屬靈經驗，我們應該學習。除了真理上的錯誤、道德上的嚴重缺失，或犯了法而必須施以紀律處分，停止事奉崗位外，團隊中意見不同、處事方式差異，都應該是可以透過協商解決的。人與人之間的合作，需要彼此遷就、尊重、信任。因此，我們必須培養牧者與信徒領袖的團隊精神，建立彼此間的信任和尊重，願意互相肯定、互相補位。

事奉上帝的人應該愛護教會、保護教會。不過，我們必須緊記，教會不是屬於「我」一個人的。事奉時，我們必須對自己的角色有合適的了解。教會的牧者與信徒領袖應該學習建立一個團隊，合作推展聖工；如果我們抱持正確的教會觀，可以經歷教會的成長，蒙上帝大大的祝福。

我們需要小心，事奉是整體的，我們可以有個人意見，我們可以比別人了解更多，不過我們不能強迫別人同意或者接受自己的看法。

筆者明白事奉上帝的人有時會覺得自己很無能，不過當上帝把艱難的任務放在我們心裏的時候，**我們有一條最好的出路，就是依靠上帝，靠著上帝的力量去承擔**。當我們熱心事奉，卻不被接納，當然會十分難受，但我們必須緊記，是上帝首先接納我們。我們希望牧者或信徒能夠推心置腹，坦誠合作，各人可以發揮自己的恩賜。若我們在事奉上與人合作不來，不一定是別人有問題，可能我們自己也有問題。

門徒羣體中的衝突

筆者認為信徒作主門徒，應該可以坦誠地在主面前溝通，表達心中的不滿，在對話中尋求和解。你愛你的弟兄姊妹嗎？你覺得對方傷害了你，那麼你又有沒有傷害對方呢？縱使道理在你這邊，你又如何實踐耶穌基督對寬恕的教導呢？耶穌基督赦免你的罪，你是否可以饒恕曾經傷害你的弟兄姊妹呢？若你現在不能「饒恕」（forgive），你可以暫時「忘記」（forget）或者「放下」（let go），容讓大家在上帝的國度裏合作嗎？

作主的門徒不是用口講，而是要有實際行動。若我們說要作主的門徒，那就不要欺騙上帝，要祈禱尋求幫助，設法和曾經與你有衝突的弟兄姊妹溝通、和解。這樣你的靈命亦會有所突破，但這實在難度極高，我們很多時候過不了「自己」那一關。

很多時候，人際衝突背後其實反映了深層的個人性格及屬靈生命的問題，例如驕傲、愛表現自己，或者自卑、缺乏安全感，甚至是報復的心態。有時我們會不願意面對自己心靈的黑暗面，例如希望投身某些事工令自己感覺良好，或者得到自我安慰，甚至證明（justify）自己是個愛主的人。但很可惜，我們做這一切都只是遮掩，是「門面功夫」。羅馬書教導我們「因信稱義」，關鍵是我們來到上帝面前，不可能靠任何功勞功德。在上帝面前，我們根本無法掩飾自己的罪。**我們只有靠賴上帝的恩典，「唯獨恩典」就是這個意思**。

信徒因彼此的衝突而離開心愛的教會，箇中痛苦其他人不容易明白。面對這等棘手問題，筆者抱持一個原則，就是無論我覺得自己有千百個理由，理性上亦要不住提醒自己，別人同樣有其千百個理由。倘若我們用盡一切方法，問題始終解決不了，大家不能合作下去，暫時停止合作或會對雙方有好處。此外，有一點要留意，就是不宜公開互數對方的不是，若需要別人傾聽心中傷痛，最好與信任的朋友分享。我們要學習將一切交託，深信上帝自有公義的判斷。切記，**教會並非屬於我們的；教會屬於上帝，而我們是基督身體一分子，彼此聯絡作肢體**。我們需要從聖經領受上帝建立教會的心意，教會領袖與會眾分享共同的教會觀，一起同心建立教會。

| 反思問題 |

1. 「大使命」的命令是為上帝建立門徒，我們傳福音是挑戰人作耶穌基督的門徒，你願意挑戰人作耶穌基督的門徒嗎？
2. 佈道並非要人單單在頭腦上同意上帝的存在，而是承認上帝的主權作門徒，你願意將使人作門徒視為佈道的重點嗎？
3. 一些機構的佈道與差會的宣教事工十分重要，建立教會與呼召人作門徒的事工同樣重要。你願意復興教會，建立更多佈道與宣教的門徒嗎？

第二部

捨己付代價

5 甘心放下自己

太二十六36～46

耶穌同門徒來到一個地方，名叫客西馬尼，就對他們說：「你們坐在這裏，等我到那邊去禱告。」於是帶著彼得和西庇太的兩個兒子同去，就憂愁起來，極其難過，便對他們說：「我心裏甚是憂傷，幾乎要死；你們在這裏等候，和我一同警醒。」他就稍往前走，俯伏在地，禱告說：「我父啊，倘若可行，求你叫這杯離開我。然而，不要照我的意思，只要照你的意思。」來到門徒那裏，見他們睡著了，就對彼得說：「怎麼樣？你們不能同我警醒片時嗎？總要警醒禱告，免得入了迷惑。你們心靈固然願意，肉體卻軟弱了。」第

> 二次又去禱告說：「我父啊，這杯若不能離開我，必要我喝，就願你的意旨成全。」又來，見他們睡著了，因為他們的眼睛困倦。耶穌又離開他們去了。第三次禱告，說的話還是與先前一樣。於是來到門徒那裏，對他們說：「現在你們仍然睡覺安歇吧！時候到了，人子被賣在罪人手裏了。起來！我們走吧。看哪，賣我的人近了！」（太二十六 36 ~ 46）

保羅在以弗所書一章 4 節指出，上帝在創世以前在基督裏揀選我們。保羅強調基督與上帝有密切的關係，上帝還未創造世界以前，在基督裏揀選我們、救贖我們。約翰福音一章 1 節指出「太初有道，道與上帝同在，道就是上帝」。無論是以弗所書抑或約翰福音，同樣都指出歷史上拿撒勒人耶穌有一個從天上而來的身分：祂是永恆地與上帝同在。上帝藉著祂揀選我們，藉著祂創造世界。祂本來與上帝同等，卻願意道成人身進入人的限制裏。

道成肉身的人生

耶穌基督道成人身，是放下自己、犧牲自己，更是隱藏自己的榮耀和權力。約翰福音一章 11 節指出：「他到自己的地方來，自己的人倒不接待他。」耶穌基督道成人身，有人的生理需要，會感到飢餓、寒冷，同時有人的情感，當被人拒絕的時候，會感到傷心。耶穌基督道成人身，是降卑到世上；祂降生後還要在馬槽裏，半點尊貴氣派也沒有。耶穌基督並非出生於大祭司家庭，沒有父輩的社會資本幫助祂在社會「向上流動」。祂地上的父親是個木匠，祂出身的家庭屬於「基層家庭」。祂的人生承受著世人的軟弱，祂有完全的人性。不過，祂沒有犯罪，示範了人如何在上帝面前活出聖潔生命。

耶穌基督同樣會經歷內心掙扎，因為祂是完全神，也是完全人。因為祂是完全人，也是完全神，祂不單經歷良心的責備，還有聖靈的管理。祂完全明白人性所要面對的試探引誘。不過，祂總會戰勝誘惑。耶穌基督能夠克服內心的軟弱、矛盾，成為世人的榜樣。祂在世上不單宣揚上帝國度來臨，不單宣揚愛仇敵的信息，祂同時活出祂所信、所宣講的內容。祂可以克服內心的軟弱和矛盾，因為聖靈與祂同在。我們要效法基督，不過我們不能成為基督，因為我們與祂有本質上的差別。我們可以思想耶穌基督的人性，學習祂的人性，例如憐憫別人、堅持真理、赦免傷害祂的人等。

創造天地、掌管天地的主願意祂的獨生子來到世界，被世人拒絕，最終被釘死在十字架上。這是世人看為愚拙的道理，但耶穌基督清楚自己必須走十字架的道路，這是祂降生的目的。我們要思想耶穌基督為我們所付上的生命，求聖靈激勵我們。

無能的大能者

耶穌基督走上十字架，是被動地被帶著走；祂沒有像以往行神蹟治病趕鬼那樣施展大能，反而成了一個無能者。祂完全放下自己，以成就人類的救贖。耶穌基督由加利利朝耶路撒冷前進的時候，應該清楚自己的使命是步往十字架的刑罰。祂沿途可以行神蹟、治病、趕鬼，不過在進入耶路撒冷後，他變得被動，沒有顯神蹟，甚至在被捕及受審的時候，也默然接受。

耶穌基督在客西馬尼園禱告，當中充滿掙扎。耶穌基督理智上明白，靈性上亦順服，只是情感上有掙扎。耶穌基督內心非常憂傷，因為**面前的使命不是要祂為天父做甚麼，而是祂為天父不能做甚麼**。但祂默然接受天父的旨意。很多基督徒的掙扎是要放下安舒的生活、過去的經驗才幹，學習事奉上帝；耶穌基督的掙扎是放下行神蹟的能力，經歷自己的無能，甚至被天父棄絕。不過，耶穌基督被釘死並非故事的結束，因為還有祂的復活、升天。

回應上帝的呼喚

當我們面對上帝的呼召，我們又是怎樣回應的呢？我們有否讓上帝介入我們的生命，讓上帝的說話進入我們的生命深處？上帝常常藉祂的說話挑戰我們，將人生的主權交給祂。上帝期待我們甘心樂意跟隨祂。所以，無論是決志信主，還是決志一生事奉上帝，都是人生重要的抉擇，是回應上帝對我們生命深處的呼喚。

有些時候，我們不願意抉擇，寧願活在一種含糊不清的狀態，既不是完全順服上帝，又不是完全拒絕上帝。當我們讓自己的屬靈生命處於這種模稜兩可的光景，是用人的方法局限屬靈生命的成長。上帝要求我們坦誠回應，是否願意一心一意跟隨祂。但我們卻為自己設限，在自己計算的方法下，讓上帝管理我們人生的某些部分。不過，**基督信仰並非一種茶餘飯後的消閒活動，而是人安身立命的根本**。

對準上帝的心意

在事奉成長的過程中，我們可能會經歷不同的階段，經歷不少的困難、考驗、挫折、失敗，甚至可能要從錯誤中學習改正。在不同的階段，我們都需要不住調校事奉方向和重點，學習對準上帝的心意。縱使我們清楚上帝的心意，也要**時常檢視自己，看看有沒有偏離航道；若有需要，就得重新調整自己，以致能夠配合上帝的心意**。

至於教會羣體，更重要的是回到聖經及健全的教會觀，抓緊教會的真理，面對時代的轉變，從根本處「讓教會成為教會」。香港教會面對社會急劇轉變，引伸出很多牧養上的課題。面對社會倫理議題，除了思考對錯，還要思考教會的本質與身分的課題，究竟教會存在的目的是甚麼？是為了個人屬靈生命的改變？是為了社會、民族、國家的改變？筆者並不同意「信仰私人化」，亦不同意將屬靈與屬世完全對立。不過，亦不能接受「信仰政治化」，令信仰與社會參與的關係本末倒置。至於我們如何把握兩者的關係，實在是一個不容易的課題，求上帝給我們智慧和合一的心，在實踐中不斷明辨祂的心意。

總結

我們的人生有限，如本書〈序〉所述，祈克果強調信仰是一種抉擇，是信心的跳躍。我們是否在不確定的狀態中，將自己的前途交託，讓上帝掌管呢？我們是否願意為著基督信仰而改變人生的航道呢？我們是否願意為著基督信仰付上代價呢？

反思問題

1. 你願意學習耶穌基督一生「為他者而活」的人生嗎？
2. 你願意學習耶穌基督的謙卑，承認自己的無能，並倚靠上帝的大能嗎？
3. 你願意學習放下自己，完成天父的旨意嗎？

6 承擔更大的責任

提前四12

不可叫人小看你年輕，總要在言語、行為、愛心、信心、清潔上，都作信徒的榜樣。（提前四 12）

基督信仰其中一個重要真理是「盼望」，主耶穌基督被釘十字架不是走到盡頭，而是為世人開展新的一頁。基督信仰強調的是「不可能的可能」（Impossible Possibility）。基督徒需要懷著這種眼光看現實世界，不要「未戰而敗」，反而要全心全意信靠上帝，一步一步前進。筆者認為教育的目的是要讓人發現自己的可能性，讓人敢於挑戰自己、敢於冒險。作父母、牧者等過來人，應該幫助年青人在現實中看見希望、找到自己，並鼓勵他們尋找上帝在他們人生的帶領，「放手」讓他們去闖。

積極預備自己

當時提摩太應該四十多歲，保羅鼓勵他勇敢承擔更大的責任。「不可叫人小看你年輕」這句話很有意思，每個人都有限制，若我們意識到自己的限制，努力改進，這是好的。不過，要求自己做人做事都必須「完美」，常常覺得自己「無能」、「無用」，並不是正確的態度。事實上，有時我們退縮多於驕傲，自己白白放棄被上帝使用的機會。當然人性軟弱，人不能誇耀自己的意志，我們能夠突破自己，一切都是上帝的恩典，當中亦有願意支持鼓勵我們的人，為我們代禱，在我們灰心失望的時候扶我們一把。有些人認為父母對自己沒有期望、老師對自己沒有期望、朋友對自己沒有期望、自己對自己也沒有期望。其實，上帝對我們有期望，上帝重視我們，上帝願意幫助我們跳出現在的框框，上帝願意賜給我們豐盛的人生。上帝期望我們的屬靈生命成長，靠主剛強，不要浪費光陰，不要辜負祂和別人對我們的信任及期望。

提摩太前書四章 12 節是很多青少年團契的團訓，很多人都能背誦。我們的內心如何，很自然會呈現在別人眼前；有時我們的言語的確能反映內心的思想，所以我們不單要禁止自己口出惡言，同時要常懷善意。基督徒應該明辨甚麼是自己的責任，凡是應該做的，即使沒有利益也要完成。除了行為方面的操練，我們也要懇求上帝加添我們愛心，接納自己不願意接納的人。筆者認為我們對上帝的信心與事奉上帝的心可以一起增長、相輔相成；若我們渴望事奉上帝，我們會有一種強烈的迫切感，對於有些超過我們能力範圍的事，有時也會不計代價，全力以赴，而這種「信心」往往產生出人意料的結果。當我們委身事奉上帝的時候，我們要學習動機單純，不被權力慾操縱。**保羅勸勉提摩太要追求這些內在的質素，以承擔更大的責任。**

筆者希望基督徒都對自己有期望，同時積極裝備自己。此外，我們應該深信上帝對我們的人生自有其主權；上帝不一定按我們的願望行事，上帝有權用其他方法帶領我們。有些時候，我們會覺得上帝沒有聽我們的禱告，甚至讓我們面對更大的困難。我們可能會覺得上帝離我們很遠，覺得自己正陷於靈性低潮裏。其實，這可能是上帝正在磨練我們，是我們學習成長的過程。有些人遇到人生逆境，會怨天尤人，覺得不公平、很多人虧欠了他。結果，人變得愈來愈偏激，憤世嫉俗。筆者也曾經遇過挫折，感到人生的無奈。感謝上帝的恩典，讓筆者能夠走出困局。其實，真正的困局不一定在外面，而是在裏面，在我們心靈裏。正如有人認為「真正的敵人是自己」，若我們要戰勝外面的挑戰，首先要戰勝自己。

承認上帝的主權

我們憑甚麼戰勝自己呢？惟有上帝能夠讓我們戰勝自己。很多人的人生被過去所囚禁，他們並非活在現在，而是活在過去。他們一方面緬懷過去，一方面沉醉在過去的痛苦裏，無法自拔。很多人嘗試用各種方法以求解脫，卻是一次又一次失望。感謝上帝的恩典，祂始終帶領筆者一家走人生路。雖然筆者並非事事順境，但回想起來，無法不感恩稱謝上帝所賜的一切。讓我們將人生的主權交給上帝管理，讓祂帶領我們一生。

基督信仰並非一種茶餘飯後的活動，亦不是可有可無的消遣；基督信仰關乎一個人的一生。信主就是開始一個完全不同的人生。一個真心信主的人要將自己的前途交託給上帝掌管。我們的人生可以十分順利，亦可以滿途荊棘，波折連連。

這樣看來，事奉上帝是一件痛苦無奈的事嗎？其實首先我們要明白，奉獻事奉上帝是一種福分，對於蒙恩的人來說是理所當然的事。譬如說，筆者從來沒有想過自己能夠寫書，也從來沒有甚麼偉大理想，現在實現的都是自己從前無法想像的。筆者可以肯定，到見主面之前還會繼續經歷無法想像的事。所以，筆者抱著開放的心，等候上帝的工作。原來承認上帝的主權會有如此大的變化，所以筆者學習不單看眼前的困難，更嘗試尋求上帝的心意，用上帝的眼光看現實。當筆者承認上帝的主權的時候，心裏便沒有成功或失敗的壓力。因為筆者的努力並非決定性的因素，只是其中必需的因素。最終是否「成功」，不在乎筆者，而在乎上帝。當筆者放開一切執著，就好像有一股力量支持著自己繼續前進。**若我們覺得每一天都是活在恩典中，我們可以有不一樣的生活。**我們不會覺得工作太多，反而心裏會火熱，感到心中有一團火，希望為上帝多做一點事。

我們若仍有機會，就應該積極預備自己，承認上帝的主權，好好活一趟。畢竟人生沒有多少個十年。我們要好好珍惜光陰，好好把握上帝所賜的機會，善用每一天。筆者深信，上帝在人身上成就的大事會讓人驚訝。

| 反思問題 |

1. 你願意挑戰自己，敢於冒險嗎？
2. 「機會是留給有預備的人」，你願意積極預備自己嗎？
3. 你願意承認上帝在你人生中的主權嗎？

7 竭力追求長進

來六1

所以，我們應當離開基督道理的開端，竭力進到完全的地步，不必再立根基，就如那懊悔死行、信靠上帝……（來六 1）

竭力追求長進

希伯來書六章 1 節提醒人要「離開基督道理的開端，竭力進到完全的地步」。對一些現代人來説，洗禮是追求屬靈生命成長的終點：洗禮前熱心出席教會聚會，洗禮後覺得已經盡了基督徒的責任。有些人對「屬靈的家」缺乏歸屬感，主要考慮教會有沒有提供他們感興趣的活動。有些人不願意改變自己的一些習慣，諸多挑剔，「大條道理」不參加教會聚會。其實，一個基督徒屬靈生命的成長，必須經歷「重生」，醒覺自己過去用世俗的價值觀生活，現在願意被改造。可惜，不少基督徒抱著消費主義心態上教會，一切從自我中心出發，批評教會活動內容，或者組織統籌失誤等。當然，任何教會辦的活動都有可以改善的地方，提出改進的意見十分重要，不過，我們的眼光不能只停留在活動本身，而是要關注弟兄姊妹有沒有因為這些活動而更深刻地經歷信仰。

主耶穌基督呼召的是門徒，門徒是跟隨主的人。**「門徒」是願意在眾人面前見證自己是基督徒，並且願意被上帝模造，按上帝的價值觀生活的人。**

跳出「私人化信仰」

有一次耶穌帶門徒上山祈禱，耶穌變像並與摩西及以利亞會面。門徒認為在山上有如此難得的屬靈經驗，實在好得無比，不如在山上築三座棚，好作敬拜。不過，主耶穌反對這建議，並且堅持他們的使命是往山下去。保羅曾經有三重天經驗，不過他沒有停留在屬靈高峯的經驗裏，而是投身向外邦人傳福音。我們需要有與上帝親密團契溝通的經驗，特別在禱告裏經歷喜樂平安。不過，我們不能停留在這種「私人化信仰」的階段。我們需要屬靈的成長和成熟。保羅在大馬士革路上遇見復活的主後，曾經到阿拉伯沙漠退修。然後才開始他傳道的服事。主的門徒應該學習跳出「私人化信仰」的階段，學習「榮神益人」的服事。**既然我們蒙恩，就應該關心仍有很多人未蒙恩。**

一個門徒需要學習「我並不是那麼重要」的道理。若上帝感動你為祂工作，你要勇敢承擔，不要恐懼。相反，若上帝沒有感動你，只是你自己為上帝出主意，那便是「為辦活動而辦活動」了。耶穌的門徒也曾爭風頭求權力，我們亦不例外。我們努力為上帝「辦活動」，自然會有成功感，但小心當中亦會有屬靈驕傲的試探。我們一不小心，很容易便會掉跌進陷阱裏。我們需要留心上帝作工的痕迹，敏銳聖靈的帶領。我們不要為做而做。

又有些基督徒為了逃避複雜的社會問題，將信仰抽離於現實世界的紛爭，只專注於內心的「私人信仰經歷」。這種做法自有可體諒之處，而這的確也是一種在混亂中求存的有效方法。不過，筆者覺得這種做法的最大問題，是將上帝由管理全世界變成管理人的內心。筆者明白教會要回應公共社會的課題並不容易，但倘若教會因此就將信仰完全「私有化」，教會便會漸漸失去她的影響力，變成「可有可無」，與人世間的其他羣體無異。

踏出自己的「安舒區」，屬靈生命才會成長。屬靈長進不一定有指定方式，各人的景況也不盡相同，但能否下決心踏出自己的「安舒區」，卻肯定是當中重要的一步。只有踏出信心的第一步，我們才了解甚麼是屬靈生命的更新。

| 反思問題 |

1. 「信耶穌」並非只是在頭腦上接受一些教條，而是願意承認耶穌基督是人生的主，作跟隨耶穌基督的「門徒」，你願意嗎？
2. 很多基督徒的屬靈生命仍然停留在「私人化信仰」的階段，不願意公開自己的信仰，以自我為中心。但你願意過「榮神益人」的生活嗎？
3. 我們需要有「放下自己，為主而活」的心志，你願意成為耶穌基督的「門徒」嗎？

8 在管教中忍耐

來十二1～13

我們既有這許多的見證人，如同雲彩圍著我們，就當放下各樣的重擔，脫去容易纏累我們的罪，存心忍耐，奔那擺在我們前頭的路程，仰望為我們信心創始成終的耶穌。他因那擺在前面的喜樂，就輕看羞辱，忍受了十字架的苦難，便坐在上帝寶座的右邊。那忍受罪人這樣頂撞的，你們要思想，免得疲倦灰心。你們與罪惡相爭，還沒有抵擋到流血的地步。你們又忘了那勸你們如同勸兒子的話，說：我兒，你不可輕看主的管教，被他責備的時候也不可灰心；因為主所愛的，他必管教，又鞭打凡所收納的兒子。你們所忍受的，是上帝管教你們，待你們如同待兒子。焉有兒子不被父親管教的呢？管教原是眾子所共受的。你們若不受管教，就是私子，不是兒子了。再者，我們曾有生身的父管教我們，我們尚且敬重他，何況萬靈的父，我們豈不更當順服他得生嗎？生身的父都是暫隨己意管教我們；惟有萬靈的父管教我們，是要我們得益處，使我們在他的聖潔上有分。凡管教的事，當時不覺得快樂，反覺得愁苦；後來卻為那經練過的人結出平安的果子，就是義。所以，你們要把下垂的手、發酸的腿挺起來；也要為自己的腳，把道路修直了，使瘸子不致歪腳，反得痊癒。（來十二 1 ~ 13）

希伯來書十二章 1 至 13 節經常出現「管教」（*paideia*）及「忍耐」（*hupomonae*）兩個詞。若從這兩個詞出現的次數來推斷這段經文的主題是「在管教中忍耐」，是相當合理的。十二章 1 節首先提出有無數見證人環繞我們，我們應該擺脱纏繞我們的罪，「存心忍耐」，奔走那擺在我們面前的路程。「路程」另一個可能的翻譯是「賽道」（*agona*）。若我們用「比賽」形容自己的人生，可能更接近希伯來書十二章 1 節原來的意思。一個運動員必須忘掉所有纏擾他的事，專心一致完成賽事。基督徒卻不是依靠自己的能力跑人生的賽道，而是依靠那位創始成終的耶穌基督。

屬靈路上的起跌

希伯來書十二章2節描述耶穌基督為那擺在前面的喜樂，忍受了十字架，輕看羞辱，(才能夠)坐在上帝的右邊。3節提及耶穌基督忍受罪人頂撞，而「忍受」這個詞的字根與1節、2節、3節及7節的「忍耐」相同。3節亦教導我們**要思想耶穌基督忍耐的榜樣，免得我們疲倦灰心**。每個基督徒都會經歷屬靈生命的起跌。我們初信主的時候，發現上帝的愛、弟兄姊妹的愛，覺得成為基督徒實在太美好，我們會為了愛主的緣故參與教會的事奉，甚麼也不計較，存著感恩的心。但日子一天一天過去，我們的熱誠開始減弱，我們發現很多人的軟弱，又或者覺得沒必要為了信仰的理想而與人發生衝突，我們也想到自己十分忙碌，還有很多重要的事需處理，家人需要自己的關心，工作的挑戰亦不小，也要為將來打算，結果我們選擇只做一個參與者。也許我們在上帝面前有很多保留，只是其他人不知道。

很多人感到心靈疲倦、缺乏動力，可能是因著內心被纏擾、被閉塞。有人尋找娛樂使自己內心暢快，有人參與心理課程，以圖認識自己、接納自己、突破自己。有人希望參與靈修的聚會，經歷屬靈生命的更新。當然，每一種紓解方法都有它的作用，不過我們要問，甚麼才是根本的問題，究竟如何從根本作出改變。

學懂如何學習

希伯來書十二章 4 節起，將當時信徒心靈疲倦、缺乏動力的原因，聚焦在「管教」一事上。*Paideia* 可以翻譯為「管教」（按這段經文的上下文脈絡，這翻譯是正確的）；不過它另外一個翻譯是「教育」。大學的「博雅教育」或者後來的「通識教育」，其精神就是希臘傳統的 *paideia*。表面上，希伯來書這段經文好像與教育沒有關係，但其實若從基督教教育的角度來思考，這段經文與基督教教育的關係非常密切。

基督教教育主要有四大範疇：第一是基督徒家庭教育；第二是教會的栽培訓練；第三是神學院的教育；第四是教會辦學，例如幼稚園、小學、中學及大學。嚴格來說，四方面都十分重要。對我們來說，「主所愛的，祂必管教」，或者「主所愛的，祂必教育」。問題是我們往往希望自己決定學甚麼、怎樣學，而不是學習主要我們學習的。我們需要按照一門學問的學習方法去學習，而不是按我們自己設定的方法去學習。結果有不少人只能夠停留在某個水平，用自己的眼光看世界。

教育的難處是如何讓學生發現他的盲點，並願意改變。在屬靈的事上，我們必須學習順服上帝教育或管教的方式，才能夠有所領悟。若我們先入為主，固執己見，或者心裏埋怨、憤憤不平，我們不單無法學習箇中的屬靈教訓，更可能因埋怨而跟上帝漸漸遠離。「學懂如何學習」十分重要，真正的學習不是按自己的喜好進行，而是按學習學科的要求進行。很多基督徒於決志後按自己的方法安排教會生活，結果在過程中往往因為覺得沒有進展、缺乏新意，便漸漸失去追求屬靈事物的興趣。結果有些機械式地參與教會活動，有些甚至離開教會。

甚麼是「學懂如何學習」的精意呢？就是按上帝的教育方法接受教育。譬如說，上帝可以藉著各種方法攔阻你前進，讓你學習「放手」，然後讓你學習倚靠主的恩典而有所得著。希伯來書十二章9節教導我們，要順服上帝這位萬靈之父。10節「生身的父都是暫隨己意管教我們」，可以翻譯為「肉身的父都是在短暫的日子按他認為有益處的（*to dokoun autois*）管教我們」，這種益處是短暫的，幫助我們在社會上生存，甚至更有質素地生活，不過，「惟有萬靈的父管教我們，是要我們得益處，使我們在他的聖潔上有分」，在靈性上參與上帝的聖潔（10節）。

希伯來書十二章11節：「凡管教的事，當時不覺得快樂，反覺得愁苦；後來卻為那經練過的人結出平安的果子，就是義。」這節經文的意思是，所有管教、紀律或教育在當時似乎不會令當事人快樂，反會帶來愁苦。不過，以後經操練、磨練，便結出平安的果子，就是結出正義。這節經文強調**上帝教育我們的目的，是要我們的屬靈生命有正義的美德，在品格上實現正義。原來生命的質素是需要被磨練出來的**。

把道路修直

希伯來書十二章12至13節帶出另外一個重點：「所以，你們要把下垂的手、發酸的腿挺起來；也要為自己的腳，把道路修直了，使瘸子不致歪腳，反得痊癒。」這兩節經文包含了豐富的屬靈教導，指向「行動」，例如重新立志，行動起來。不過，我們要留心經文也可以翻譯為「所以，你們要把下垂的手、發酸的腿挺起來；你們的腳要行直線，使瘸子不致歪腳，反得痊癒」。關鍵的地方是 *poieo*（「你們……要……」）的意思可以指「做」或者「行」。若是指做，就是「修直道路」；若是指行，就是「行直線」（參《呂振中譯本》作「行直的路線」）。我們被上帝管教，被上帝教育，應該心存忍耐，參與事奉（12節）。而「修直道路」有「鋪橋搭路」的意思，譬如說，有些事奉是開荒的，缺乏資源與委身事奉的人；有些事工則已經建立好基礎，有足夠的資源，有足夠委身事奉的人。那麼，我們應該更多關心開荒的事奉，以「修直道路」或「鋪橋搭路」的思想來投入事奉。另一方面，我們應該有正確的事奉價值觀，「行正直的路」，按公義來事奉上帝。

接受基督教教育的人，是要在屬靈生命上活出聖潔生命，結出正義的果子，行正直的路。這些提醒，都是與忍耐接受上帝的教育、管教、操練有關。筆者鼓勵信徒要反思如何在基督裏追求長進，接受「教育」、「管教」；也提醒牧者和教會領袖要忠心在教會服事，但同時要繼續成長。

| 反思問題 |

1. 我們接受上帝的管教，要按上帝的方法接受教育，不是按自己的方法。你願意嗎？
2. 我們接受上帝的管教，目的是結出屬靈生命的果子。上帝要求我們正義，你願意成為一個正義的人嗎？
3. 我們接受上帝的管教，成為一個「修直道路」的基督徒。上帝要求我們「行正直的路」，按公義事奉。你願意嗎？

第三部

在基督裏成熟

9 在基督裏成熟

西一28～29

我們傳揚他，是用諸般的智慧，勸戒各人，教導各人，要把各人在基督裏完完全全地引到上帝面前。我也為此勞苦，照著他在我裏面運用的大能盡心竭力。（西一 28 ~ 29）

歌羅西書一章 29 節提及「要把各人在基督裏完完全全地引到上帝面前」，這小節可以有兩個不同的譯法。第一個是「把人在基督裏完全地帶到上帝面前」，好像中文《和合本》聖經的譯法一般；第二個是「要把各個在基督裏成熟的人引到上帝面前」。根據希臘文聖經的排列，筆者認為「把各個在基督裏成熟的人引到上帝面前」是較準確的譯法(亦參英文聖經譯本 Christian Standard Bible 的翻譯)。

在基督裏

「在基督裏」其實是一個很特別的神學觀念，在保羅書信經常出現。例如羅馬書六章 3 節：「豈不知我們這受洗歸入基督耶穌的人是受洗歸入他的死嗎？」基督徒除了受洗歸入基督的死外，更與祂同埋葬、同復活(4 節)。**「在基督裏」表達一種深刻的神人關係**。「在基督裏」可以指生命上的關係；若用約翰福音十五章葡萄樹與枝子的關係來表達「在基督裏」的意思，亦有助我們理解。

保羅事奉的目標是要將在基督裏成熟的基督徒帶到上帝面前，他鼓勵歌羅西教會的弟兄姊妹用諸般的智慧勸戒人、教導人，而他是為著這個目標勞苦，亦按著上帝在他心中運行的大能盡心竭力事奉。究竟怎樣才算在基督裏成熟或完全呢？筆者認為在基督裏成熟或完全可以有三方面的意思：第一方面是有以上帝為中心的人生觀；第二方面是有以上帝為中心的世界觀；第三方面是有以上帝為中心的價值觀。這三方面的發展是基督徒屬靈生命成長的理想，同樣是「教會的教育」的理想。

一個成熟的信徒應該在知識、情緒、意志和行動上都深思熟慮，有原則，能持定宗旨，表現出基督徒的特質。筆者認為這四方面都受著人的基本信念或者核心價值影響，當我們持守上述三方面的基本信念，自然會影響理性、情緒、意志與行動的表現。

建立以上帝為中心的人生觀

宗教改革家約翰・加爾文（John Calvin）在《基督教要義》卷一第一章指出，認識上帝以致認識自己。社會上有很多認識自我的課程，亦有很多認識性格的測驗。不少人都有興趣更深入認識自己。不過，若要認識真正的自己，首先要有敏鋭的反省能力，能夠發現自己平日發現不到的事物。例如我們可能覺得自己很有禮貌修養，不過在趕忙的時候，若遇上人多擠擁，也可能會埋怨別人阻著前路。跳出自己的框框，看見自己的盲點，實在好不容易。很多時候是身邊的人指出我們的性格問題，但我們未必有勇氣承認，甚至會強烈反彈。不過嚴格來説，人類所有的心理分析都是在人的思想層面進行。沒有一個人能夠聲稱自己的見解絕對正確。那麼，若沒有人會絕對正確，人類所有的心理分析都只會是相對正確。究竟我們可以從哪裏尋找絕對的觀點呢？答案是從上帝的角度看自己。

我們每一天如何運用時間，上帝都細心察看。我們內心想甚麼，上帝都知道。人性有自我實現的需要，人會追求事業成功，我們都希望事業更上一層樓，這都是可以理解的。不過，追求事業成功與財富不能夠完全滿足人的心靈需要。因為人是上帝所創造，人需要按照上帝創造人的目的生活。人尋找上帝創造的目的，其實是尋找自我的獨特性、自我的存在意義。我之所以是我，必定是有一個界定的範圍。這個範圍界定了我的身分、貢獻。範圍表示限制，換言之，若人沒有發現自己的限制，他其實是還未找到自己，或是不願意接納自己。**以上帝為中心的人生，是接納自我的限制、失敗、挫折，同時內心充滿蒙福感**。

建立以上帝為中心的世界觀

華人社會是一個多元宗教的地方，宗教學者認為宗教是文化的產物，對他們來說，基督教亦不例外。從神學的角度來看，基督教確實是歷史文化的產物；不過基督教強調上帝尋找人，其他宗教強調人尋找神。更加重要的是基督教強調上帝的啟示，上帝親自說話。上帝在基督裏揭示祂是人類宇宙的主、人類歷史的主。基督徒的世界觀（Worldview）告訴我們，上帝掌管著人類歷史的方向。舊約聖經的先知傳遞上帝的說話，塑造以色列民族。之後新約時代教會被建立起來，指引人類期待耶穌的再來。

基督信仰有十分清晰的上帝—人—世界的關係，這是基督徒的世界觀。基督徒不應厭世，不應逃避世界，而應抱著「在世而不屬世」的態度生活。基督徒強調上帝與人的關係；而這關係並非在深山裏隱居所建立的，更多時是在世界中與上帝建立的一種關係。上帝已經啟示創造、救贖及更新宇宙的計劃；上帝不斷作工，同時需要人配合祂的工作。上帝創造、救贖及更新宇宙的計劃是關乎由宇宙開始到終結的事。基督徒的任務並非在信主後等待離世上天堂，而是要學習根據以上帝為中心的世界觀生活。**我們需要關心上帝救贖及更新宇宙的計劃，明白上帝的心意，配合祂的工作。**

活在香港的基督徒，除了關心個人、家庭的事，亦要關心教會的事，也要放眼世界，關心世界的事。我們關心世界上發生的事，與教會推展普世福音工作有密切關係。當然，有人認為推展普世福音工作，與關心世界上發生的事拉不上關係。其實，人世間的事環環相扣，怎會有「獨立」的事件。不過，我們的心力有限，不能關注全世界的事。而我們關心世界的事，是為要更有效在世上履行上帝的使命。故此，我們需要騰出心靈的空間，按上帝的引導關注我們有負擔的地區，花時間認識該地區的情況與需要，並且為當地的人代禱。

對於別人以不同角度看世界，我們需要學習彼此尊

重。例如有些信徒只是關心教會，不太理會世界如何變化；無論世事如何變化，都只是關心弟兄姊妹生活的掙扎、喜怒哀樂。筆者覺得這樣很了不起，因為他們按著上帝的感召，忠於上帝的託付，實幹而不高談闊論。不過，亦有些信徒認為有國才有家，社會、國家、世界充滿爭端，故心中抱負要服務社會。筆者覺得這樣也很難得，因為他們愛鄰如己，願意關懷更多的人。

建立以上帝為中心的價值觀

一個人信主後要改變行為習慣是不容易的。若年紀較大才信主，很多思想行為已經根深蒂固，亦免不了沾染不少世俗習氣甚至惡習。故此，信主的人會常常將「罪」掛在口邊；信主的人更自稱是罪人。當我們知罪後，便要悔罪，又要謹慎自己不再犯罪。基督徒成長的過程真的不容易，也會經常軟弱跌倒，我們惟有靠著上帝的恩典，學習過聖潔的生活。

若我們希望兒女學習按著以上帝為中心的價值觀過生活，我們必須以身作則，為下一代建立是非對錯的價值觀。我們在生活中的抉擇，就是在兒女面前最好的示範，教導他們如何做選擇，如何持守宗旨，如何面對試探。又例如敬畏上帝的人，會常常想起上帝察看我們內心的思想和行動。若他們做錯了，求上帝赦罪以外，要去彌補對別人造成的傷害。上帝赦免他們，令他們不再感到罪疚，但他們仍然要為做錯的事負責。

總結

教會要努力建立信徒「在基督裏成熟」的屬靈生命，而「教會的教育」就是幫助信徒建立以上帝為中心的人生觀，以上帝為中心的世界觀，以及以上帝為中心的價值觀。教會的教育不是立竿見影的，在基督裏成熟亦不會即時見效。基督徒的人生有如奔走天路的朝聖之旅，有人走了一小段覺得枯燥乏味，有人覺得掙扎太大，有人覺得花時間讀經禱告沒有甚麼明顯得著，更沒有甚麼生命改變，便因此灰心。很多人開始成為基督徒的時候滿懷壯志，卻無法堅持信仰。**在基督裏成熟的人必會經歷挫敗，在起起跌跌中卻能靠著上帝的恩典體驗人生，體驗信仰。**

| 反思問題 |

1. 你願意建立以上帝為中心的人生觀嗎？
2. 你願意建立以上帝為中心的世界觀嗎？
3. 你願意建立以上帝為中心的價值觀嗎？

10 各盡其職的服事

約六5～13

耶穌舉目看見許多人來，就對腓力說：「我們從哪裏買餅叫這些人吃呢？」(他說這話是要試驗腓力；他自己原知道要怎樣行。)腓力回答說：「就是二十兩銀子的餅，叫他們各人吃一點也是不夠的。」有一個門徒，就是西門．彼得的兄弟安得烈，對耶穌說：「在這裏有一個孩童，帶著五個大麥餅、兩條魚，只是分給這許多人還算甚麼呢？」耶穌說：「你們叫眾人坐下。」原來那地方的草多，眾人就坐下，數目約有五千。耶穌拿起餅來，祝謝了，就分給那坐著的人；分魚也是這樣，都隨著他們所要的。他們吃飽了，耶穌對門徒說：「把剩下的零碎收拾起來，免得有糟蹋的。」他們便將那五個大麥餅的零碎，就是眾人吃了剩下的，收拾起來，裝滿了十二個籃子。（約六5～13）

安得烈的「信心」榜樣

新約聖經記載安得烈的事迹不多，最為人熟知的可能是約翰福音一章35至42節，當施洗約翰稱耶穌為「上帝的羔羊」後，安得烈就跟隨了耶穌。他也連忙找著兄長西門．彼得，告訴他自己遇見彌賽亞。安得烈帶彼得見耶穌，耶穌告訴彼得，他以後要叫磯法。後來，彼得成為門徒的領袖。

新約聖經另一處記載安得烈的地方，是約翰福音六章5至13節；六章1至15節記載了給五千人吃飽的神蹟。從經文結構來看，1至15節與24至33節耶穌是「生命的糧」，以及60至65節主的話「是靈，就是生命」一脈相承。耶穌基督看顧人身體的需要，同時提醒人，祂的話才是生命的糧食。若從約翰福音六章的脈絡去理解5至13節，會看到給五千人吃飽的記載重點並非耶穌能夠行神蹟，而是耶穌基督的話是生命的糧食，願意聽道的人心靈與身體都得到飽足。

約翰福音六章1至7節記載耶穌吩咐腓力買餅，讓跟隨耶穌的人過逾越節。值得留意的是6節：「他説這話是要試驗腓力；他自己原知道要怎樣行。」這段經文提及兩個門徒的名字，一個是腓力，另一個便是安得烈。腓力的反應是：「就是二十兩銀子的餅，叫他們各人吃一點也是不夠的。」（7節）然後經文記載：「有一個門徒，就是西門．彼得的兄弟安得烈，對耶穌説：『在這裏有一個孩童，帶著五個大麥餅、兩條魚，只是分給這許多人還算甚麼呢？』」（8～9節）其實，耶穌吩咐腓力去買餅，而不是向所有門徒作出指示。腓力充滿疑惑的反應，與安得烈帶著疑惑卻採取行動，兩者形成對比。腓力認為根本沒可能令五千人吃飽，所以不再想任何可能性。安得烈同樣帶著疑惑，卻找到一個帶著五個大麥餅和兩條魚的孩童。兩個人的態度有根本上的差異，一個認為主耶穌胡説，另一個則嘗試實現主耶穌所説的話。從他們的反應可以知道，**安得烈對主耶穌充滿信心，同時盡力為主耶穌尋找最適合的人選，結果成就了一次神蹟。**

各盡其職的服事

今天，究竟主耶穌要使用怎樣的人呢？筆者相信主耶穌需要各種各類的人，如推動堂會事務的牧師、傳道、信徒領袖、社區中心的同工義工、學校的校長老師、醫院的行政及前線醫護人員等各個界別的信徒參與服事，就像**主耶穌使用帶著疑惑仍憑信心踏前一步的安得烈，還有獻上五餅二魚的小孩子。**

筆者讀李焯芬、張倩儀的著作《文明的足音》的時候，想到基督徒的文化藝術使命。原來十五世紀新航道未開闢前，歐亞兩洲貿易主要靠兩條路：「絲綢之路」與「香料之路」。「絲綢之路」不單是貿易之路，亦是佛教與伊斯蘭教傳入中國之路。敦煌的藏經洞對於佛學研究相當重要，反映佛教由印度傳入中國後不同階段的發展。一個宗教要在其他地方的文化生根，必須有經典的抄寫、研究，把宗教的精髓代代相傳。佛教中有「寺院派」，亦有「學院派」，有人講述深度的人生哲理。香港有些作曲填詞人，能夠巧妙地把佛理融入音樂裏。我們的基督徒創作人亦能夠把基督真理融入劇本寫作、歌曲歌詞裏，但廣被接納的不多。這方面基督徒需要努力，除了生活見證外，還要有職場事奉。若主耶穌需要願意委身在文化藝術界事奉的信徒，弟兄姊妹預備自己投身這個行列了嗎？

又或若主耶穌需要更多年青人投身經典研究、學理研究，我們應該鼓勵弟兄姊妹繼續走這條路。奉獻走傳道的道路並不容易，若是走學術之路，尤其孤單。不過，大家不要過分恐懼或者小看自己，若有奉獻的心志，既可以從事傳道、宣教的工作，也可以在機構服事，繼續接受神學訓練。每一個領域都需要人，最重要是回應上帝的呼召。

聖經教導我們各盡其職，各人恩賜不同、領受不同。我們短短幾十年的事奉生命中，最終評核的標準不一定是服事的教會人數增長有多少，亦可能是在質方面影響了多少人的生命。若耶穌基督需要人默默地作潛移默化的工作，我們便應該鼓勵更多弟兄姊妹活化基督信仰，在非基督徒中間留下美好的見證。「表裏不一」是最壞的見證，很多人拒絕信仰都是因為基督徒言行不一。

香港基督教需要人參與各種各類見證佈道的工作，同樣需要人向理性的知識分子傳教。愈是困難，就愈要努力。若主耶穌需要你投身事奉，你願意默默獻上，回應呼召嗎？

| 反思問題 |

1. 你願意把有限的人生奉獻，讓上帝使用嗎？
2. 你願意投入基督教文化的深耕工作嗎？
3. 你願意像安得烈那樣，引薦更多人給教會嗎？

11 以身作則管教兒女

箴二十三13～14、22～26

不可不管教孩童；你用杖打他，他必不至於死。你要用杖打他，就可以救他的靈魂免下陰間。（箴二十三13～14）

箴言二十三章13至14節教導我們：「不可不管教孩童；你用杖打他，他必不至於死。你要用杖打他，就可以救他的靈魂免下陰間。」這兩節經文提及體罰，並且認為體罰可幫助孩子成長，免致靈魂失喪。這明顯是古代近東以色列文化普遍接納的標準。香港在中西文化交流影響下，較重視個人的自主自尊，尤其對於兒童的身心靈感受愈來愈重視。因此，教育署禁止學校老師體罰學生，無論學生多頑劣。

基本上，重視孩童的尊嚴及權利是理所當然的，不過亦要小心潮流文化漸漸走向另一個極端，就是孩童、青少年愈來愈自我中心，對父母、師長缺少了尊重。因此，我們需要從一種更平衡的觀點來看這個問題，並多留心現時香港青少年的文化和問題。

以身作則的管教

> 你要聽從生你的父親；你母親老了，也不可藐視她。你當買真理；就是智慧、訓誨，和聰明也都不可賣。義人的父親必大得快樂；人生智慧的兒子，必因他歡喜。你要使父母歡喜，使生你的快樂。我兒，要將你的心歸我；你的眼目也要喜悅我的道路。（箴二十三 22 ~ 26）

究竟我們應該怎樣管教兒女呢？箴言告訴我們，嚴格管教是重要的。我們要向兒女解釋甚麼是對，甚麼是錯。很多家長在小事上縱容兒女，日子一天一天過去，兒女漸漸成為家中的小霸王，動不動就發脾氣，打父母，打女傭，雖說力度可能有限，不過其影響可能非常深遠。我們要學習如何與兒女溝通，亦要多了解兒童及青少年的心理，了解潮流文化，找出共通的語言。不過，我們亦不能忘記自己是父母，有父母的身分和權威。管教不一定是責備，亦可以是講道理，用例子反問兒女，如：若別人如此待你，你會如何？今天孩童最需要的是父母的教導，父母帶著愛的權威，用權柄去督責，為其靈魂時刻警醒，幫助他們明白是非，建立健全的人格。

箴言二十三章22至26節教導兒女要聽從父母，不可藐視他們。作兒女的，應該尊敬父母；他們的教訓，我們要留心遵守。**聖經教導人敬愛父母；因為上帝以無條件的愛愛我們，因此我們亦要以上帝的愛去愛父母和兄弟姊妹**。可是，人總有錯失，家庭成員的關係不一定和諧，血緣關係並不能保證大家彼此相愛。在人世間，家庭中複雜的是是非非多的是。

當我們以身作則管教兒女，會得到兒女的尊重。若我們自己沒有以身作則，自然難以糾正兒女的錯誤，例如我們沒有公德心，隨地吐痰，又怎能教導兒女注意公共衞生呢？有些父母養而不教，亦有一些沒有把握子女年幼的時間，給他們灌輸正確的價值觀，到子女年紀漸長，有自己的一套，要聽父母的意見就更困難。

第二次世界大戰以後，流行一個術語「無父的一代」，主要指德國第二次世界大戰期間，因著不少軍人陣亡，戰後那一代的青年人在沒有父親的環境下長大，故被稱為無父的一代。後來，在德國以外這個術語亦流行起來，以表達一種權威價值的失落、道德的崩潰。很多青少年缺乏自信的其中一個原因，是在家庭裏缺乏安全感。他們內心空虛無聊、懼怕和迷失，於是會尋求刺激、放縱、反叛。所以，作父母的要常常提醒自己必須以身作則，給予家人安全感，將正確的人生觀、價值觀教導兒女。安全感並不單指物質或金錢上的供應，亦指心靈上的支持與陪伴。

歸向上帝

箴言二十三章 26 節提醒我們要從心底歸向上帝，免得跌倒。從聖經的角度來看，人遠離上帝以後，偏行己路，最終會陷於一片混亂之中。聖經告訴我們，主耶穌是真光，照亮黑暗，但黑暗卻不接受光。人就是身在福中不知福，同時身在黑暗中也不知自己的問題。當我們否定自己的問題，便等於我們放棄了得幫助的機會。讓我們謙卑下來，向上帝承認自己的問題，走上正確的道路。

箴言二十三章 24 節告訴我們：「義人的父親必大得快樂；人生智慧的兒子，必因他歡喜。」為人父母者都希望兒女成才，聖經告訴我們，教導兒女，使他們成為一個正直公義的人，將會大得喜樂。今天作父母的常常關心兒女的學業，有時會認為能夠進入某間學校就有前途。很多人過分執著於要將兒女送入名校，以為這樣一定對兒女好，可是經驗告訴我們這不一定。我們要將心歸向上帝，深信上帝愛我們，愛我們的兒女，我們不必受世俗價值影響，左搖右擺。有些人較遲成熟，但只要他們有良好品格，在適當時候，便會更主動發力求學。因此，父母應該注重以身作則，不要灌輸一種錯誤觀念，以為某間學校的學生是成功的，某間學校的學生是失敗的。當然，父母都希望子女成才，不過他們的成長，父母未必都能控制，因此最好還是先將心歸向上帝，放棄世俗的價值觀和風氣，以上帝的說話教導兒女，祈求上帝幫助我們以身作則，管教兒女。

| 反思問題 |

1. 基督的門徒應該持有與世俗不同的價值觀，在教育兒女方面著重品格的培養。你是否認同這種門徒價值觀呢？
2. 「以身作則」是身教（Modelling），實踐所相信的，堅持所相信的，為兒女提供一個榜樣。你是否好的榜樣呢？
3. 「力爭上游」是值得欣賞的，不過自我中心的人會忘記上帝。門徒的價值觀是為榮耀上帝而「力爭上游」，你是否願意為主奮鬥呢？

12 在家庭中見證上帝

箴三7，十七1，二十二6

敬畏上帝的家庭

不要自以為有智慧；要敬畏耶和華，遠離惡事。（箴三7）

每個人都希望自己的人生幸福，一切順利，究竟我們怎樣才能夠經歷上帝在家庭中的祝福呢？當然，最重要的是整個家庭都敬畏上帝。其中一個方法便是定時舉行家庭崇拜。

在家庭崇拜裏，每一個家庭成員都可以分享心事，提出感恩及代禱事項；各成員也可以輪流挑選詩歌和讀經的內容，讓整個家庭一起親近上帝，服事上帝，敬拜上帝。香港人生活緊張忙碌，應酬多多，其實我們需要為著生活中所面對的事情，仰望上帝，感謝上帝。筆者夫婦都很喜歡家庭崇拜，雖然我們均十分忙碌，但仍會在特別日子，如聖誕節、新年、復活節等，安排家庭崇拜。

此外，我們可以安排早晚祈禱時間；若時間許可，可以早上一起禱告，晚上亦一起禱告。以前我們一家可以保持早晚祈禱的習慣，現在晚上不時還有晚禱；若沒有家庭晚禱，也會有夫婦一起祈禱的時間。我們應該重視家庭祈禱的時間，如每晚抽十五至三十分鐘，彼此分享感恩及代禱事項。這種做法如每天為家人做「感情儲蓄」，增加彼此的溝通，又如做「屬靈儲蓄」，整個家庭一起親近上帝。當我們面對重大的決定，例如搬家、轉工、子女到其他地方升學或工作等，都可以一家人同心面對，這種支持是巨大的。我們要經歷上帝在家庭中的祝福，可以從家庭崇拜及禱告的操練開始。

祈禱及一起敬拜上帝實在是建立家庭合一的基礎。若我們順服天父上帝，作個愛上帝的兒女，上帝當會幫助我們成為合上帝心意的父母。

以愛維繫家庭

設筵滿屋，大家相爭，不如有塊乾餅，大家相安。（箴十七1）

任何一個家庭都需要以愛維持。沒有愛，大家只是住在同一屋簷下。**「家」不單是一個單位、一層樓、一幢樓，家是由人組成的**。當人將人生焦點放在物質上，忽略與家人溝通和彼此關懷，就等於自動放棄經歷上帝對家庭的祝福。上帝要我們愛護配偶及兒女，學習彼此坦誠分享，互相欣賞，一同努力建立充滿愛的家庭；上帝沒有要求我們先改善經濟情況，然後才關心家人。上帝要我們享受家人之間那份愛與關懷。

現代人在繁忙的工作中，可以留給家人的時間可能愈來愈少，當我們帶著疲倦的身心靈回家，有時確實難以投入家庭的瑣事中。故此，有些人寧願在外面找活動，也不願回家。不過，縱使我們有千百個理由，也不應令家人覺得他們在我們心目中毫無地位、毫不重要。若我們錯過與家人建立和諧關係的時機，醒覺時可能就為時已晚；當然，家庭和諧並不表示父母事事遷就子女，而是父母與子女都得到愛和關懷。

教導子女認識聖經真理

教導孩童，使他走當行的道，就是到老他也不偏離。（箴二十二6）

做父母的，要好好學習以上帝的標準教導兒女，但人總是有限的，惟有依靠上帝的力量才成。箴言中指教我們，教導孩童走當行的路，使他到老也不偏離正道。有人説孩子年幼的時候，父母的憂慮會少一點，當孩子長大後，憂慮會多一點。想到兒女長大獨立，希望他們學有所成，有正當職業，有美好的家庭。若我們渴慕兒女將來行在正路上，今天就應該重視教導兒女聖經的真理。主日除了敬拜上帝以外，要鼓勵兒女參加主日學。其實，我們亦應該主動參加主日學，甚至參與主日學事奉，或者接受主日學導師訓練。**我們應該以教導子女聖經真理為首要任務，讓上帝親自塑造子女的生命、性格**。這樣，他們所得的祝福會影響他們一生。

上帝託付我們照顧子女，我們應該引導他們認識上帝，讓他們與上帝建立緊密的關係，經歷上帝的實在。譬如當子女進入少年期，可能因種種原因而不想再「陪父母」上教會，這時父母不應勉強他們，而應該努力幫助他們尋找合適的教會。我們需要禱告，用愛心和耐心引導子女。

筆者感謝上帝，讓我女兒得到教會團契導師的幫助，化解了心中曾因讀書安排而起的不滿，亦可以在教會成長。若我們的子女在教會有屬靈導師，必會得著幫助。當然，我們不能將家庭教育的責任推卸給教會，但是上帝的愛可以透過家庭和教會把人連繫起來。

| 反思問題 |

1. 基督門徒的責任是帶領家人敬畏上帝，讓上帝居住在其心中，以及帶領家人參加教會聚會，更重要的是帶領家人經歷上帝的真實。你願意這樣行嗎？
2. 基督門徒的責任是在家庭中締造和諧的關係，讓家人活在愛裏。你願意成為流通的管子，讓上帝的愛傳遞出去嗎？
3. 基督門徒的責任是教導子女明白聖經真理，讓子女認識上帝。你願意成為子女的屬靈父母嗎？

第四部

一起建立教會

13 羣體中的服事

但八15、26

我——但以理見了這異象，願意明白其中的意思。忽有一位形狀像人的站在我面前。……「所說二千三百日的異象是真的，但你要將這異象封住，因為關乎後來許多的日子。」（但八 15、26）

但以理書七至十二章記載四個異象，讀者難免會對異象奇特的內容感興趣。不過，筆者認為這四個異象可能並非但以理書的核心信息，反而但以理看見異象、獲得異象的方式、之後的反應如何等，或許才是但以理書作者希望讀者注意的。此外，讀者要留心一點，就是但以理書與啟示錄都是天啟文學（Apocalyptic Literature），充滿著象徵意義。而但以理書涉及巴比倫、瑪代、波斯、希臘等帝國，又往往用獸和角代表不同帝國。不過，要引伸為以色列復國、歐盟的出現等，則未必是經文的意思，極可能是解經者一廂情願，對號入座，把當代國際形勢套進經文裏。

一個看見異象的人

但以理獲得異象的方式是多樣化的，例如七章 1 節是在夢中看見異象，八章 1 節是異象顯現，九章 2 節是得知耶和華的話臨到耶利米，十章 1 節是有事顯現，十一章 2 節是上帝指示，十二章 4 節是上帝的話。舊約聖經有夢的啟示，耶和華在夢境向人啟示是相當普遍的，耶和華亦會顯現與人説話。耶和華可以直接呼召先知，亦可以透過自然現象讓先知領略上帝的心意。舊約聖經中對人屬靈經驗的描述，可説相當豐富。

舊約聖經循著以色列民族的組成、興盛與衰落，引伸出彌賽亞救主的盼望，並指向新約聖經耶穌基督的降臨。上帝藉著歷史事件向人啟示祂自己。不過，對於個別的人，上帝會藉著一些特殊的經歷呼召他們，給他們委派特殊的任務。總的來説，這些特殊異象的經歷不會脱離上帝在歷史中的啟示與工作。同樣，但以理所見的異象，是與當時猶太羣體的命運息息相關的；被擄的猶太羣體的命運，繫於巴比倫、瑪代、波斯、希臘，甚至日後的羅馬帝國。但以理所見的異象，可以說是關乎民族興衰命運的揭露。

但要了解但以理書七至十二章，必須先弄清楚其與一至六章的關係。筆者認為**但以理書一至六章的重點不單是但以理如何蒙上帝祝福成為三朝元老，更重要的是表明他是一個願意為上帝、為同胞犧牲的人**。由此，若從一至六章看但以理這個人，七至十二章便是看他立志明白異象，以及他如何反應，也許這是解讀但以理書全書脈絡的其中一種向度。筆者必須重申，這只是其中一個切入但以理書的角度，不是惟一的角度。

立志明白異象

但以理書九章22至23節記載：「他指教我說：『但以理啊，現在我出來要使你有智慧，有聰明。你初懇求的時候，就發出命令，我來告訴你，因你大蒙眷愛；所以你要思想明白這以下的事和異象。』」為甚麼但以理蒙上帝大大眷愛呢？但以理書十章12節記載：「他就說：『但以理啊，不要懼怕！因為從你第一日專心求明白將來的事，又在你上帝面前刻苦己心，你的言語已蒙應允；我是因你的言語而來。』」但以理書一至六章描述，但以理如何在異地巴比倫專心求明白將來的事；他求問的不單是個人的事，而是整個猶太民族的事。六章10節記載，但以理一日三次跪在地上向上帝禱告，並非為自己的前途求福，而是為整個猶太民族的前途禱告。

但以理不單為同胞禱告，也在上帝面前刻苦己心。但以理書一章8節記載：「但以理卻立志不以王的膳和王所飲的酒玷污自己……」他拒絕敬拜尼布甲尼撒的金像，即使要被扔在烈火裏仍沒有改變決定（但三13～18）。**但以理在一些小事上也不願意違背上帝的心意，寧願冒著被視為「麻煩人」（trouble maker）的危險，堅守對上帝的承諾。**

這樣看來，但以理有機會見異象，並非無因。

對於異象的反應

有一次，但以理看見異象，了解異象意思的時候，心中驚惶，臉色改變，把經歷存記在心裏（但七28）。又有一次，他感到哀傷，愈明白就愈哀傷（十1～3）。另一次，他感到愁苦，渾身無力，毫無氣息（十16～17）。還有一次他昏迷不醒，病了數天（八27）。不過，其中有一點相當特別，就是上帝要但以理封住異象，因為這是關乎後來許多的日子（八 26）。

為甚麼上帝要但以理封住異象呢？但以理書十二章 13 節記載：「你且去等候結局，因為你必安歇。到了末期，你必起來，享受你的福分。」既然異象要封住，就不要廣傳，故此對後世讀者來說，這未必是信息的核心。相反，各人對當時事件的反應，可能才是重點所在。

究竟上帝對但以理還有甚麼指引呢？十二章 9 至 10 節記載：「他說：『但以理啊，你只管去；因為這話已經隱藏封閉，直到末時。必有許多人使自己清淨潔白，且被熬煉；但惡人仍必行惡，一切惡人都不明白，惟獨智慧人能明白。』」上帝要求但以理「去等候結局」，意思是預備自己迎接這個末期。上帝讓但以理知道將來末期的事，因為上帝要祝福他，讓他自潔，等候上帝的行動。但以理的任務並非傳遞這些異象，相反，是封住異象，不必多講，而他則要安然面對歷史的種種轉變。

信仰的更新重整

上帝可以透過夢境、說話、文字等不同途徑，啟示祂自己的心意，今日亦有同道有類似的經歷。我們不應隨便否定別人宗教經驗的真實性，不過我們需要辨別。很多弟兄姊妹表示上帝感動他，上帝給他異象，上帝向他說話……筆者過去多年都有負責神學生面試，大概也累積了一些經驗，可以判別哪些人的經歷較多主觀成分，哪些較多人認同。而教會圈子亦有些「異象派」同道，口說得十分偉大，卻常要其他人協助「善後」，甚至收拾爛攤子。又有些弟兄姊妹大發熱心，希望推動一浪接一浪的運動，復興教會，所以全情投入教會外的異象運動。亦有些弟兄姊妹覺得教會的教導不能滿足他們的屬靈渴求，所以熱心參加各種查經班、講座等。無論我們認同與否，這反映了一個事實，就是很多信徒都希望在人生的不同階段重整自己與上帝的關係。事實上，有時人會對信仰失望，對所信任、景仰的屬靈領袖失去信心，甚至覺得被傷害、被出賣。**我們需要一個被接納、安全的環境，互相肯定和信任，在坦誠對話中讓聖靈引導我們進入聖經真理，反省信仰，修正觀念，重尋方向，經歷靈命的更新重整**。筆者在神學院的其中一個工作，就是幫助神學生突破自己的屬靈框框，跳出簡化了的信仰理解。

筆者亦認為教牧同工及教會領袖需要努力尋求上帝對這個時代的信息。教會是「燈台」，應該照出世界的黑暗，不應該甘於成為「茶餘飯後的屬靈俱樂部」。但基督徒論政並不容易，可以預計會有來自四方八面的「回應」，有認同的，當然也會有反對的。有些人會認為既然問題如此複雜，倒不如專心傳道、佈道。筆者的回應是：從基督教神學論政，也是傳道、佈道的一種。

但以理見到民族災難的異象，就去，並且等待。若有牧者領受參政的異象，筆者覺得是上帝的恩典，應該支持。不過，有意參政的人須熟識公共政策，免得只流於「彼此包容」、「尋求共識」、「共建和諧社會」等口號。有志從政的人必須要有清晰的政綱，對民生、政制、土地、人口、經濟、教育等政策有見解、有論述，也要知道如何帶出蘊含著基督教價值的論述呢！

| 反思問題 |

1. 你是否專心求明白香港、中國將來的事呢？
2. 你是否經常為香港、中國禱告呢？
3. 你是否立志不玷污自己？

14 同心建立教會

提前五21

我在上帝和基督耶穌並蒙揀選的天使面前囑咐你：要遵守這些話，不可存成見，行事也不可有偏心。（提前五 21）

提摩太前後書及提多書被稱為教牧書信，是保羅寫給提摩太及提多的書信，內容主要提醒他們如何處理教會的問題，並如何建立事奉的生命。主後六十年，保羅被押到羅馬（徒二十八 16），寫了腓立比書、歌羅西書、以弗所書和腓利門書。主後六十二年，保羅被釋放，往東行，留下提摩太在以弗所牧養教會。保羅往馬其頓（提前一 3）、腓立比(腓一 25，二 24)，極可能在此時期寫提摩太前書。

面對事奉的難題

提摩太前書四章 3 節反映當時教會出現禁止嫁娶、禁戒食物的異端。提摩太前書一章亦提及異端的威脅。以弗所教會除了面對異端的威脅，還有寡婦的問題。提摩太前書五章 1 至 16 節談及如何處理教會中的寡婦問題；使徒行傳六章 1 至 6 節亦提及教會中的寡婦問題，「那時，門徒增多，有説希臘話的猶太人向希伯來人發怨言，因為在天天的供給上忽略了他們的寡婦」(1 節)，然後就是挑選執事的記載。因此，教會挑選執事的其中一個原因，是處理教會中照顧寡婦而引伸出來的問題。提摩太前書提出的，則不是挑選執事，而是經文接下來對長老的討論(提前五 17～25)。若耶路撒冷教會的寡婦問題促使教會要挑選執事來處理，那提摩太面對教會中同類問題，亦可能要承受沉重的牧養壓力。

筆者這裏嘗試把五章 1 至 16 節關於寡婦的教導與五章 17 至 25 節關於長老的教導，放在一個共同的脈絡下，視作一個整體來了解。由此，我們就可以看出，原來提摩太這個人就是將兩段經文連接起來的關鍵；**保羅希望提摩太學習作一個能與人同心事奉、行事不存成見的人**，而提摩太前書五章 21 節就是重點所在。

照顧有需要的人

保羅先鼓勵親人要照顧寡婦(提前五 4、8),同時訂定原則,即教會照顧的寡婦必須年滿六十歲,只有一個丈夫,獨居,無依無靠,晝夜不住虔誠禱告,行善,有好名聲(5、9～10 節)。保羅鼓勵年青寡婦結婚(11 節)。他列舉了一些負面例子的情況:好逸惡勞、説長道短、好宴樂、情慾發動等(6、13～14 節)。

保羅勉勵提摩太,當有需要提醒寡婦時,要將她們視為母親和姊妹,溫和地規勸,同時自己保持清潔的良心(1～2 節),也要尊重真正的寡婦(3 節)。保羅這裏的提醒對我們亦十分適切,若信徒(甚至困境中的信徒)做出與基督信仰抵觸的事,我們應如何規勸呢?我們需要溫和地提醒,同時尊重那些認真信主的人,以保持教會的屬靈質素。

事實上,教會及信徒做慈惠工作,也需要有智慧。譬如關懷露宿者肯定是好事,但也有人會認為免費派飯給露宿者,會減低露宿者改變自己處境的動力,亦吸引更多露宿者到來領取免費飯盒。在實踐上,如何有效幫助最有需要的人,也的確需要考慮各方面的因素。保羅認為教會資源有限，只能夠幫助最困難的人，就是敬虔的寡婦。但從另一個角度看，**儘管教會資源有限，仍然要幫助有需要的人**。

尊重和信任領袖

接下來保羅開始處理教會中有關領導方面的問題。在新約聖經所示，以弗所教會中的領導層已頗具規模，當中包括了執事（提前三8）、監督（三1）/長老（五17）。保羅亦教導信徒要尊敬教會領袖（五17～18）。一般而言，教會有健全的領導層十分重要，不然大家容易各自為政，令教會或像「一盤散沙」，或最終由一小撮人或幾個不同單位操控等。

當教會有具規模的領導層，大家做起事來或會更有效率。然而，不要忘記，**工作效率固然重要，但更重要的是事奉生命的質素（提前三1～13）**。教會領袖也是人，難免有人的軟弱。提摩太前書反映教會領導層亦出現了一些問題，保羅提醒提摩太，要有足夠證據才處理控告教會領袖的案件（五19）。若指控成立，就應該執行教會紀律，公開指責（20節）。近年香港「投訴文化」盛行，牧者和信徒領袖亦經常要面對這些問題。按照保羅的提醒，特別是關乎教會領袖的投訴，得非常小心，要有足夠證據才可受理。但另一方面，按保羅這裏特別強調處理教會領袖被投訴的問題，可見當時以弗所教會的弟兄姊妹對領袖有一定要求；弟兄姊妹對教會領袖有要求、有期望，其實十分正常，只不過我們亦應如保羅所言，該尊重和信任教會領袖。

合乎上帝心意的領袖

保羅了解以弗所教會的情況，亦了解提摩太和以弗所教會的領導層。保羅提醒提摩太，如何面對解決寡婦的需要，又能減少教會的負擔（提前五 16）。保羅提醒提摩太，處理寡婦的需要或教會領導層的選拔，都必須公正，「不可存成見，行事也不可有偏心」（21 節）是保羅對提摩太的提醒。面對以弗所教會寡婦的問題、異端的問題、信徒指責教會領袖的問題，都要本著公平公正的心行事。存成見行事，先入為主作出判斷，不相信人會轉變，或以人的背景衡量其人，加上標籤，這些都是不應該的。

保羅亦提醒提摩太小心挑選領袖，「給人行按手的禮，不可急促」，「不要在別人的罪上有分」（提前五 22）。特別有些事情表面正確，但背後卻不合乎上帝的心意，我們要特別小心，禁戒自己切勿行差踏錯。保羅提醒教會領袖「要保守自己清潔」（22 節，參五 2），有關「清潔」

的話再次出現，表明保羅洞悉事奉上帝的人經常會面對試探——名譽、權力或色情的試探。當我們拒絕捲入別人的罪的時候，我們也要小心，保守自己內心清潔。

總結

保羅希望更多人興起事奉上帝，他栽培提摩太，並且不斷提醒提摩太，讓他明白如何處理教會的種種問題。事奉上帝的人很多時都是在磨練中成長；當教會發展，事工開展的時候，很多時也會面對很多問題。我們要怎樣預備自己？是否願意謙卑受教，成為一個真材實料、被上帝使用的僕人呢？

| 反思問題 |

1. 教會應該運用資源幫助有困難的人，讓不同社會階層的人能夠加入教會，你想過貧窮人的需要嗎？
2. 你信任你教會的牧者和執事嗎？
3. 你有志成為教會領袖嗎？你有心理準備面對複雜的難題嗎？

15 信徒皆祭司

弗四11～16

他所賜的，有使徒，有先知，有傳福音的，有牧師和教師，為要成全聖徒，各盡其職，建立基督的身體，直等到我們眾人在真道上同歸於一，認識上帝的兒子，得以長大成人，滿有基督長成的身量，使我們不再作小孩子，中了人的詭計和欺騙的法術，被一切異教之風搖動，飄來飄去，就隨從各樣的異端；惟用愛心說誠實話，凡事長進，連於元首基督，全身都靠他聯絡得合式，百節各按各職，照著各體的功用彼此相助，便叫身體漸漸增長，在愛中建立自己。（弗四11～16）

不少信徒都聽過「信徒皆為祭司」這觀念，但有系統地去理解的未必很多。這裏嘗試從三部分簡單梳理一下這個課題：第一部分，這觀念產生的歷史背景；第二部分，相關的神學觀念；第三部分，這觀念在教會的落實。

信徒皆為祭司觀念的產生

馬丁．路德（Martin Luther）於一五二〇年關於新約聖經的講道中提出信徒皆為祭司這觀念。一直以來，天主教神父被視為祭司，但路德在一五二〇年後主要稱牧職人員為「牧師」（Pfarrer），或 Pastor。路德認為所有受洗的基督徒都分享耶穌基督的祭司身分，因此在上帝與人中間不需要神職人員擔任中間人。在得救的事上，只要人真心相信耶穌基督的拯救，就得著救恩。這樣，神職人員專職代理上帝救恩的特權無形中被否定了。

不過，在否定神職人員專職代理上帝救恩的特權這觀點上，很多人再走得更遠，徹底否定教會需要牧師。對路德來說，信徒皆為祭司並不表示信徒皆為牧師。簡單來說，路德反對天主教把神職人員視為一種特殊神聖的屬靈階級，專職代理上帝救恩這觀點。路德所說的「信徒皆為祭司」，其意思是教會的牧者並沒有壟斷人與上帝得救關係的專利。路德這種觀點沒有否定教會需要有牧師，牧師的召命是正確地宣揚聖道和正確地施行聖禮。

在路德以外，有一些人強調完全回到新約聖經，按照聖經的模式改革教會。以弗所書四章11至16節提及使徒、先知、牧師和教師，可以解作教會必須有的職位（position），亦可以解作恩賜。若作職位，那麼職位的名單就不算完整，因為提多書提及監督和執事。若作恩賜，恩賜的名單亦不算完整，因哥林多前書十二章4至11節有更詳細的描述。當然，嚴格來說，新約聖經收集的書信都不是現代意義上的完整論文，我們不能期望一卷書會完整地論述某個課題，而神學研究的任務是把這些課題系統化。那麼，或許我們可以這樣理解：我們可以強調根據恩賜的表現來讓弟兄姊妹承擔任務，所有在教會內的事奉崗位都按聖靈所賜的恩賜來運作。**任何人得著教會的職分都是服事，不存在階級的高低。**

相關的神學觀念

《使徒信經》提及教會是獨一、神聖、使徒所立、大公的。教會是獨一的意思，並非個別教會獨一擁有真理，而意思是指：聖靈只有一位，雖然我們眾多；教會只有一個，就是耶穌基督的身體。我們要常常為教會合一祈禱，我們也不做分裂教會的事。我們尊重每個弟兄姊妹的領受，尊重教會整體的決定。我們事奉上帝，謙卑作僕人，不敢抱山頭主義心態，只知道若上帝許可，我們就高興地參與事奉。我們深知道人性軟弱，光靠自己，實難言神聖。不過，上帝看教會是基督身體，所以是神聖的。故此，我們坦承在二千年教會歷史裏，教會屢屢犯錯，我們只能求主赦免。

羅馬天主教強調「使徒統緒」(Apostolic Succession)，所有主教一脈相承於彼得。我們尊重這樣的傳承，但是要問：這又如何(And so what)？究竟《使徒信經》強調教會的使徒性，是甚麼意思呢？原來，聖經所記載的耶穌的使徒，重點是他們如何被差遣；《使徒信經》強調教會的使徒性，是強調教會的宣教。教會的使徒性是屬於全教會的，並非屬於個人。

《使徒信經》強調教會的大公性，意思是教會由不同地區的羣體組成。在主後三至四世紀，耶路撒冷、安提阿、亞歷山太、君士坦丁堡、羅馬，成為最有代表性的五個地區教會；大公教會指教會是地區性的聯合組織。不過，羅馬教會的主教在面對政治迫害中勇敢面對挑戰，甚至為主殉道，成為眾地方教會的精神領袖。結果，羅馬教會在「大公教會」(Catholic Church)前，加上「羅馬」(Roman Catholic Church)，以示羅馬教會領導眾地方教會。我們承繼宗教改革精神，一方面承認教會傳統有很大部分與天主教相同，不過亦強調彼此並非完全一樣。

信徒皆祭司與專職的牧者

「信徒皆祭司」的觀念，與專職牧者的觀念如何平衡？筆者認為，信徒皆為祭司與牧者的屬靈帶領這兩個觀念都是正確的。基本上所有基督徒都應該事奉上帝，不過並非全部人都要從事聖道的服事，如保羅蒙召專一傳道那樣；有些人是行政的服事，有些人是探訪、輔導的服事。牧者需要有勇氣作先知，傳遞上帝的說話。不過牧者不是上帝，而是把人帶到上帝面前，本著愛心與信徒同心建立教會，鼓勵眾信徒各盡其職，建立基督的身體——甚至超越自己的堂會，將眼光投向普世基督的國度。信徒皆為祭司並不等於信徒皆為牧師。牧師的呼召是將人帶到上帝面前，用上帝的道作教導作牧養。不過，牧師不是特權階級，而是上帝的僕人。牧師的使命是建立信徒，讓信徒做更大的事。

| 反思問題 |

1. 有些基督徒專職事奉上帝，有些既工作又事奉上帝，你懂得配合他們事奉嗎？

2. 牧師並非高人一等，信徒也非盲目的羣眾，你懂得互相尊重嗎？
3. 帶領教會是重要的責任，你願意謹慎為人，為上帝牧養羣羊嗎？你願意為帶領者禱告，支持他們嗎？

16 國度裏的事奉生命

羅十二1

所以，弟兄們，我以上帝的慈悲勸你們，將身體獻上，當作活祭，是聖潔的，是上帝所喜悅的；你們如此事奉乃是理所當然的。（羅十二1）

由行動到本我：上帝管理的生命

一般基督徒眼中的事奉，主要是「做某件事」，例如擔任執事、執委、崇拜主席、主日學老師、詩班員等。事奉的確很多時都連於行動，沒有行動則只是空談。不過聖經所講的事奉，不是停留於這類「工作式」、「行動式」、「件工式」的事奉，更強調要從心發出，把全人獻上給上帝。因此，我們應該由參與某一項事奉，慢慢深化至成為一個「事奉上帝的人」。很多基督徒認為只有牧者、宣教士等是「事奉上帝的人」，但**上帝其實要求每個基督徒都將自己的前途交由上帝管理，成為門徒**，只是信徒中有一部分門徒被上帝分別出來，擔任牧職，專心傳道。

這種事奉觀早已有屬靈前輩指出：**事奉不單是行動（Doing），更是本我（Being）**。教會的問題是它往往像一部開動著引擎的汽車，卻不知道要往哪裏，只是不停地轉動。若我們希望教會突破更新，最好的方法不是首先定下甚麼偉大的計劃，而是挑戰弟兄姊妹將人生交由上帝管理。若信徒的生命被上帝觸動，他們自會承擔主工。故此，屬靈領袖要明白上帝的心意，帶領教會，作合上帝心意的決定。「領袖做正確的決定，其他人才能正確地執行正確的決定。」（Leaders do the right thing, and others do the thing right.）教牧同工團隊有方向，長執堂委團隊亦有方向，信徒就不會落入機械式的忙碌事奉當中，卻發現教會在原地踏步。

由散彈到聚焦：事奉生命的質素

教會雖然有很多需要，但切記並不是每一件事都應該由你承包。譬如年青的時候熱心教會事奉，做得到的都不會拒絕，這是很好的基礎操練。可是當人進入人生另一個階段，面對工作壓力、家庭責任，可能需要放下某些事奉「工作」，但這並不表示停止事奉，而是學習騰出時間開拓另一些更適合現階段，甚至影響更深遠的事奉。很多時候，教會裏熱心事奉的人好像「消防員」般，在教會四處救火，應付各種需要。這種事奉一定不能持久，也很容易令人耗盡（Burn out）。與其「散彈式」到處出擊，不如**聚焦做好一件事，放下一些次要的工作，事奉生命才能長久**。

筆者多年來都花時間精力做人的工作，原因正是人的建立是長遠的，對比事工可以是一時熱鬧，好像「放煙花」一樣。對筆者來說，事奉必須抓著重點，當然有時職責所在，難免要做一些形式化的工作，但一般不會主動要求擴大事工規模。筆者還是會多花時間，專心預備講章、主日學課程、專題講座，並把握與弟兄姊妹相交的機會，因深信這是主給我事奉生命的焦點，深願我們都能把握在世的日子，好好事奉上帝。

｜ 反思問題 ｜

1. 對初信的信徒來說，每種事奉都是吸取經驗的機會。

對多年身兼多個事奉崗位的人來說，事奉需要聚焦。你屬於哪一類呢？

2. 事奉不單是個別堂會內部的事，上帝國度比個別堂會大；我們需要懷抱上帝的國度，有更大的異象。你看見上帝國度的異象嗎？
3. 在框框裏事奉可維持一個機構的運作，開創的事奉則在新時代開拓新思維。繼往開來的可持續發展的事奉，才可以將前人的精神延續下去。你願意接受新思維嗎？